P9-CJR-969

# Alfarrabios, oronica dos tempos coloniaes

José Martiniano de Alencar

**Nabu Public Domain Reprints:**

You are holding a reproduction of an original work published before 1923 that is in the public domain in the United States of America, and possibly other countries. You may freely copy and distribute this work as no entity (individual or corporate) has a copyright on the body of the work. This book may contain prior copyright references, and library stamps (as most of these works were scanned from library copies). These have been scanned and retained as part of the historical artifact.

This book may have occasional imperfections such as missing or blurred pages, poor pictures, errant marks, etc. that were either part of the original artifact, or were introduced by the scanning process. We believe this work is culturally important, and despite the imperfections, have elected to bring it back into print as part of our continuing commitment to the preservation of printed works worldwide. We appreciate your understanding of the imperfections in the preservation process, and hope you enjoy this valuable book.

# ALFARRABIOS

## J. M. de Macedo

O Forasteiro, romance. 3 v. in-8º enc. 7$000, br.... 5$000
Os Quatro Pontos Cardeaes. — A Mysteriosa, romances.
   1 v. in-8º enc. 3$000, br........................ 2$500
Um noivo á duas noivas, romance. 3 v. in-8º br. 6$, enc. 8$000
A Namoradeira, romance. 3 v. br. 6$000, enc...... 8$000
Nina, romance, 2 v. br. 4$000, enc............. 5$000
As Mulheres de Mantilha, romance historico 2 v. br. 4$000
   enc.......................................... 5$000
A Luneta Magica, romance. 2 v. in-8º br. 4$000, enc. 5$000
As Victimas Algozes, quadros da escravidão. 2 v. br. 5$,
   enc.......................................... 7$000
A Moreninha. 1 v. com estampas, enc............. 3$000
A Nebulosa. 1 v. enc............................ 3$500
Culto do Dever. 1 v. enc. ...................... 3$000
Memorias de um Sobrinho de meu Tio. 2 v. enc.. 5$000
Moço Louro. 2 v. enc........................... 5$000
Os Dous Amores. 2 v. enc....................... 5$000
Romances da Semana. 1 v. enc................... 3$000
Rosa. 2 v. enc.................................. 5$000
Vicentina, 3ª edição. 3 v. br. 5$000, enc........... 7$000
Theatro completo. 3 v. enc...................... 9$000
Luxo e Vaidade, Primo da California, Amor e Patria,
   comedias. 1 v. in-8º br...................... 2$000
Lusbella, comedia. 1 v. in-8º br. ............... 1$500
Fantasma Branco, comedia. 1 v. in-8º br......... 1$500
Novo Otuello, comedia. 1 v. in-8º br. .......... 500
O Primo da California, comedia. 1 v. in-8º br.... 1$000

## J. M. Pereira da Silva

Aspasia, romance. 1 v. in-8º enc. 3$000, br.......... 2$000
Manoel de Moraes. chronica do Seculo XVII, romance
   historico. 1 vol. enc. 3$000, br.................. 2$000
Jeronymo Corte Real, chronica do Seculo XVI, romance
   historico. 1 v. enc............................. 3$000
Historia da Fundação do Imperio Brazileiro. 7 volumes
   encadernados................................. 37$000
Os Varões Illustres do Brazil durante os tempos coloniaes ; 3ª edição. 2 v. enc..................... 8$000

## J. Norberto de Souza e Silva

Romances e novellas. 1 v. br. 3$000, enc.......... 4$000
Brazileiras celebres. 1 v. in-8º enc................ 2$000
Flores entre espinhos. 1 v. in-8º enc.............. 2$000

Por
3684a

# J. DE ALENCAR

## ALFARRABIOS

CRONICA DOS TEMPOS COLONIAES

II

# O ERMITÃO DA GLORIA

III

# A ALMA DO LAZARO

397352
22.10A1

RIO DE JANEIRO

**B. L. GARNIER**

LIVREIRO - EDITOR DO INSTITUTO HISTORICO

69, Rua do Ouvidor, 69

# AO LEITOR

São de outro tom, os singelos contos que formam este segundo volume dos *Alfarrabios*.

Não convidam ao riso, que tão excellente especiaria é para um livro de entreter. Bem longe d'isso, talvez que espremam dos corações mais ternos e sentimentaes uns fios de lagrimas.

Caso assim aconteça, será com bem pezar meu, pois sinceramente acho de mau gosto lembrar-se alguem de produzir choros d'artificio, á guisa de fogos de vista, quando não faltam motivos reaes de tristeza e afflicção.

Prometto porem desde já em expiação deste pecado litterario, que o terceiro volume dos *Alfarrabios* irá mais brincalhão do que o primeiro.

Rio de Janeiro maio de 1873.

J. de ALENCAR.

# O
# ERMITÃO DA GLORIA

LENDA

---

## I

### AO CORSO

Cahia a tarde.

A borrasca tangida, pelo nordeste, desdobrava sobre o oceano o manto bronzeado.

Com a sombra que projectavam os negros castellos de nuvens, carregava-se o torvo aspecto da costa.

As ilhas que bordam esse vasto seio de mar, entre a Ponta dos Buzios e Cabo Frio, confundiam-se com a terra firme, e pareciam apenas saliencias dos rochedos.

Nas aguas da ilha dos Papagaios balouçava-se um barco de borda rasa e um só mastro, tão cosido á terra, que o olhar do mais pratico marinheiro não o destinguiria a meia milha de distancia entre as fraguras do penedo e o farilhão dos abrolhos.

Pelas amuradas e convez do barco viam-se recostados ou estendidos de bruços, cerca de dez marujos, que passavam o tempo a galhofar, molhando a palavra em um garrafão de bôa cachaça de S. Gonçalo, cada um quando chegava a sua vez.

No tilhá sobre alva esteira de côco estava sentada uma linda morena, de olhos e cabellos negros, com uma boca cheia de sorrisos e feitiços.

Tinha ao collo a bella cabeça de um rapaz, deitado sobre a esteira, n'uma posição indolente, e com os olhos cerrados, como adormecido.

De momento a momento, a rapariga debruçava-se para pousar um beijo em cheio nos labios do moço, que entreabria as palpebras e recebia a caricia com um modo, que revelava quanto já se tinha saciado na ternura da meiga cachopa.

— Accorde, preguiçoso! dizia esta galanteando.

— Teus beijos embriagam, amor! Não o sabias? respondeu o moço fechando os olhos.

Nesse instante um homem, que descera a abrupta encosta do rochedo com extrema agilidade, atirou-se á ponta da verga, e travando de uma driça deixou-se escorregar até o convez.

O desconhecido, que assim chegava de modo tão singular, era já bem entrado em annos, pois tinha a cabeça branca e o rosto cosido de rugas; mas conservára a elasticidade e nervo da idade viril.

Com a arfagem que o movimento do velho imprimiu ao navio, sobresaltou-se toda a maruja; e o moço que estava deitado na esteira, ergueu-se de golpe, como si o tocára occulta mola.

Nesse mancebo resoluto, de nobre e altivo parecer, que volvia em torno um olhar sobranceiro, ninguem por certo reconheceria o indolente rapaz que dormitava pouco antes no collo de uma mulher.

Na postura do moço não havia a menor sombra de temor, nem de sorpresa; mas sómente a investigação rapida, e o arrojo de uma natureza ardente, prompta a affrontar o perigo em toda a occasião.

Do primeiro lanço viu o velho que para elle caminhava:

— Então, Bruno?

— Ahi os temos, senhor Ayres de Lucena; é só fisgar-lhes os arpéos. Uma escuna de truz!

— Uma escuna !... Bravo, homem ! E diz-me
cá, são flamengos ou inglezes.

— Pelo geito, tenho que são os malditos francezes.

— Melhor; os francezes passam por bravos,
entre os mais, e cavalheiros ! A termos de acabar,
mais vale que seja a mãos honradas, meu velho.

A esse tempo já a maruja toda a postos esperava
as ordens do capitão para manobrar.

Ayres voltou-se para a rapariga :

— Adeus, amor ;. talvez nunca mais nos avis-
temos neste mundo. Fica certa porém que levo
comigo duas horas de felicidade bebidas em teus
olhos.

Cingindo o talhe da rapariga debulhada em lagrimas, deu-lhe um beijo, e despediu-a atando-
lhe ao braço uma fina cadeia de ouro, sua derradeira joia.

Instantes depois, uma canoinha de pescador
afastava-se rapidamente em demanda da terra,
impellida a remo pela rapariga.

De pé, no portaló, Ayres de Lucena, fazendo á
maruja um gesto imperioso, commandou a manobra.

Repetidas as vozes do commando pelo velho
Bruno, collocado no castello de prôa, e executada

a manobra, as vellas desdobraram-se pelo mastro e vergas, e o barco singrou veloz por entre os parceis.

## II

### ULTIMO PAREO

No anno de 1608 em que se passam estas scenas, a cidade de S. Sebastião do Rio de Janeiro, tinha apenas trinta e tres annos de existencia.

Devia de ser pois uma pequena cidade, decorada com esse pomposo nome desde o primeiro dia de sua fundacção, por uma traça politica de Estacio de Sá, neste ponto imitado pelos governadores do Estado do Brazil.

Aos sagazes politicos pareceu da maior conveniencia semear de cidades, e não de villas, e menos de aldeas, o mappa de um vasto continente despovoado, que figurava como um dos tres Estados da corôa de Sua Magestade Fidelissima.

Com esse plano não é de admirar que um renque de palhoças ás faldas do Pão de Assucar se chamasse desde logo cidade de S. Sebastião, e fosse dotada com toda a governança devida a essa jerarchia.

Em 1608 ainda a cidade se encolhia na crista e abas do Castello ; mas quem avaliasse da sua importancia pela estreitesa da aria occupada, não andaria bem avisado.

Estas cidades coloniaes, improvisadas em um momento, com uma população adventicia, e alimentadas pela metropole no interesse da defesa das terras conquistadas, tinham uma vida toda ārteficial.

Assim apezar de seus trinta e tres annos, que são puericia para uma villa, quanto mais para uma cidade, já ostentava o Rio de Janeiro o luxo e os vicios que sómente se encontram nas velhas cidades, cortezāns eméritas.

Eram numerosas as casas de tavolagem ; e nellas, como hoje em dia nos alcáçares, tripudiava a mocidade perdularia, que esbanjava o patrimonio da familia ao correr dos dados, ou com festas e banquetes a que presidia a deosa de Cithera.

Entre essa mocidade estouvada, primava pelas extravagancias, como pela galhardia de cavalheiro, um mancebo de dezoito annos, Ayres de Lucena.

Filho de um sargento-mór de batalha, de quem

herdára dois annos antes abastados haveres, se atirára á vida de dissipação, dando de mão á profissão de maritimo, a que o destinára o pai e o adestrára desde criança em sua fragata.

os dous annos decorridos foi Ayres o heróe de todas as aventuras da cidade de S. Sebastião.

Ao jogo os maiores pareos eram sempre os seus; e ganhava-os ou perdia-os com igual serenidade, para não dizer indifferença.

Amores, ninguem os tinha mais arrojados, mais ardentes, e tambem mais voluveis e inconstantes; dizia-se delle que não amava a mesma mulher tres dias seguidos, embora viesse no decurso de muito tempo a ama-la aquelle numero de vezes.

Ao cabo dos dous annos achava-se o cavalheiro arruinado, na bolsa e na alma; tinha-as ambas vazias; estava pobre e gasto.

Uma noite metteu na algibeira um punhado de joias e pedrarias que lhe restavam de melhores tempos; e foi-se á casa de um usurario. Apenas escapou a cadeia de ouro, que tinha ao pescoço e de que não se apercebeu.

Com o dinheiro que obteve do judeu se dirigiu á tavolagem resolvido a decidir de seu destino. Ou ganharia para refazer a perdida abastança, ou empenharia na ultima cartada os destroços de um patrimonio e uma vida mal barateados.

Perdeu.

Toda a noite passára-a na febre do jogo; ao arraiar da alvorada, sahiu da espelunca e caminhando á toa foi ter a Ribeira do Carmo.

Levava-o ali o desejo de beber a fresca viração do mar, e tambem a vaga esperança de encontrar um meio de acabar com a existencia.

Naquelle tempo não se usavam os estupidos suicidios que estão hoje em voga: ninguem se matava com morphina ou massa de phosphoro, nem descarregava em si um revólver.

Puxava-se um desafio ou entrava-se em alguma empreza arriscada, com o firme proposito de dar cabo de si; e morria-se combatendo como era timbre de cavalheiro.

# III

## A BALANDRA

Embora expulsos das terras da Guanabára, é destruida a nascente colonia, não desistiram os francezes do intento de se assenhorearem de novo da magnifica bahia, onde outr'ora campeára o forte Coligny.

Esperando azo de tentar a empreza, continuavam no trafego do páu-brazil, que vinham carregar em Cabo-Frio, onde o trocavam com os indios por avellorios, utensis de ferro e mantas listradas.

Havia naquella paragem uma especie de feitoria dos francezes, que facilitava esse contrabando, e mantinha a antiga alliança dos tamoios com os guaraciabas, ou guerreiros de cabellos do sol.

A metropole, incommodava-se com a audacia desses corsarios, que chegaram algumas vezes a penetrar pela bahia a dentro e bombardear o coração da cidade.

Bem longe porém de prover de um modo efficaz á deffensão de suas colonias, tinha por systhema deixar-lhes esse encargo, apezar de estar constantemente a sugar-lhe o melhor da seiva em subsidios e fintas de toda a casta.

Baldos de meios para expurgarem a costa da cafila de piratas, os governadores do Rio de Janeiro, de tempos em tempos, quando crescia a audacia dos pichelingues a ponto de ameaçarem os estabelecimentos portuguezes, arranjavam com os minguados recursos da terra alguma expedição, que sahia a desalojar os francezes.

Mas estes voltavam, trazidos pela cubiça, e apoz elles os flamengos e os inglezes, que tambem queriam seu quinhão; e o tomavam sem a menor ceremonia, arrebatando a presa ao que não tinha forças para disputa-la.

Felizmente a necessidade da deffeza e o incentivo do ganho tinham despertado tambem o genio aventureiro dos colonos. Muitos maritimos armaram-se para o corso, e empregaram-se por conta propria no cruzeiro da costa.

Fazendo presa nos navios estrangeiros, sobretudo quando tornavam para Europa, os corsarios portuguezes lucravam não sómente a carregação de páu-brazil, que vendiam no Rio de Janeiro ou Bahia; mas além disso vingavam os brios luzitanos, adquirindo renome pelas façanhas que obravam.

Precisamente ao tempo desta chronica, andavam os mares do Rio de Janeiro muito infestados pelos piratas; e havia na ribeira de S. Sebastião a maior actividade em se armarem navios para o corso, e municiarem os que já estavam nesse mister.

Uma lembrança vaga desta circumstancia fluctuava no espirito de Ayres, embotado pela noite de insomnia.

Affagava-o a esperança de achar algum navio a sahir mar em fóra contra os piratas; e estava resolvido a embarcar-se nelle para morrer dignamente, como filho que era de um sargento-mór de batalha.

Ao chegar á praia, avistou o cavalleiro um batel que ia atracar. Vinha dentro além do marinheiro que remava, um mancebo derreado á popa, com a cabeça cahida ao peito em uma postura que revelava desanimo. Teria elle vinte dois annos, e era de nobre parecer.

Logo que abordou em terra o batel, ergueu-se

rijo o mancebo e saltou na praia, affastando-se rapido e tão abstracto que abalroaria com Ayres, si este não se desviasse prompto

Vendo que o outro passava sem aperceber-se delle, Ayres bateu-lhe no hombro:

— D'onde vindes á esta hora, e tão pezaroso, Duarte de Moraes?

— Ayres!... disse o outro reconhecendo o amigo.

— Eu vos contava entre os felizes; mas vejo que tambem a ventura tem suas nevoas.

— E suas noites. A minha creio que de todo escureceu.

— Que fallas são estas, homem, que vos desconheço.

Travou Duarte do braço de Ayres, e voltando-se para a praia mostrou-lhe um barco fundeado perto da Ilha das Cobras.

— Vêdes aquelle barco? Ha tres dias que ainda era uma formosa balandra. Nella empreguei todo meu haver para tentar a fortuna do mar. Eis o estado a que a reduziram os temporaes e os piratas; é uma carcassa, nada mais.

Ayres examinava com attenção a balandra, que estava em grande deterioração. Faltava-lhe o pavez de rê e ao longo dos bordos appareciam largos rombos.

— Esmoreceis com o primeiro revez !

— Que posso eu ? D'onde tirar o cabedal para os reparos ? E devia eu tentar nova empresa, quando a primeira tão mal surtiu-me ?

— Que contais então fazer do barco ? Vende-lo sem duvida ?

— Só para lenha o comprariam no estado em que ficou. Nem vale a pena de pensar nisso ; deixa-lo apodrecer ahi, que não tardará muito.

— Neste caso tomo emprestada a balandra, e vou eu á aventura.

— Naquelle casco aberto ? Mas é uma temeridade, Ayres !

— Ide-vos á casa socegar vossa mulher que deve estar afflicta ; o resto me pertence. Levai este abraço ; talvez não tenha tempo de dar-vos outro cá neste mundo.

Antes que Duarte o podesse reter, saltou Ayres no batel, que singrou para a balandra.

———————

# IV

## A CANOA

Saltando a bordo, foi Ayres recebido ao portaló pela maruja um tanto sorpreza da visita.

— D'ora ávante quem manda aqui sou eu, rapazes; e desde já os aviso, que esta mesma tarde, em soprando a viração, fazemo-nos ao largo.

— Com o barco da maneira que está? observou o gageiro.

Os outros resmungaram approvando.

— Esperem lá que ainda não acabei. Esta tarde pois, como dizia, conto ir mar em fóra ao encontro do primeiro pichelingue que passar-me por d'avante. O negocio ha de estar quente, prometto-lhes.

— Isso era muito bom, si tivesse a gente navio; mas n'uma capoeira de gallinhas como esta?...

— Ah! não temos navio?... Com a breca! Pois vamos procura-lo onde se elles tomam!

Entreolhou-se a maruja, um tanto embasbacada daquelle desplante.

— Ora bem! continuou Ayres. Agora que já sabem o que tem de fazer, cada um que tome o partido que mais lhe approuver. Si lhe não tôa a dansa, póde-se ir a terra, e deixar o posto a outro mais decidido. Eia, rapazes, ávante os que me seguem; o resto toca a safar e sem mais detença, si não mando carga ao mar.

Sem a mais leve sombra de hesitação, d'um só e mesmo impulso magnanimo, os rudes marujos deram um passo à frente, com o ar destemido e marcial com que marchariam à abordagem.

— Bravo, rapazes! Podeis contar que os pechelingues levarão desta feita uma famosa licção. Convido-vos a todos para bebermos á nossa victoria, antes da terceira noite, na taberna do Simão Chaufana

— Viva o capitão!...

— Si lá não nos acharmos nessa noite, é que então estamos livres de uma vez desta praga de viver!...

— E mesmo! É uma canceira! acrescentou um marujo philosopho.

Passou Ayres a examinar as avarias da barlanda, e embora a achasse bastante deteriorada, comtudo não demoveu-se por isso de seu proposito. Tratou logo dos reparos, distribuindo a maruja pelos diversos misteres; e tão promptas e acertadas foram suas providencias, que poucas horas depois os rombos estavam tapados, o apparelho concertado, os outros estragos atamancados, e o navio em estado de navegar por alguns dias.

Era quanto delle exigia Ayres, que o resto confiava á sorte.

Quando levantou-se a viração da tarde, a balandra cobriu-se com todo o panno e singrou barra fóra.

Era meio dia; e os sinos das torres repicavam alegremente. Lembrou-se Ayres que estava a 14 de Agosto, vespera da Assumpção de Nossa Senhora, e encommendou-se á Virgem Santissima.

Deste mundo não esperava elle mais cousa alguma para si, além de uma morte gloriosa, que legasse um triumpho á sua patria. Mas o amigo de infancia, Duarte de Moraes, estava arruinado, e elle queria restituir-lhe o patrimonio, deixando-lhe em troca do chaveco desmantellado um bom navio.

Ha momentos em que o espirito mais indifferente é repassado pela gravidade das circumstancias. Collocado já no limiar da eternidade, olhando o mundo como uma terra a submergir-se no oceano pela popa de seu navio; Ayres absorveu-se naquella scisma religiosa, que balbuciava uma prece, no meio da contricção da alma, crivada pelo pecado.

Uma vez chegou o mancebo a esclavinhar as mãos, e as ia erguendo no fervor de uma supplica; mas deu cobro de si, e disfarçou com enleio, receioso de que o tivesse percebido a maruja naquella attitude.

Dobrando o Pão d'Assucar, com a prôa para o norte, e o vento á bolina, sulcou a balandra ao longo da praia de Copacabana e Gavia. Conhecia Ayres perfeitamente toda aquella costa com seus recantos, por te-la frequentemente percorrido no navio de seu pai, durante o cruzeiro que este fazia aos pichelingues.

Escolheu posição estrategica, em uma aba da ilha dos Papagaios onde o encontrámos; e collocou o velho gageiro Bruno de atalaia no pincaro de um rochedo, para lhe dar aviso do primeiro navio que apparecesse.

Si o arrojado mancebo tinha desde o primeiro instante arrebatado a maruja pela sua intrepidez; a prestesa e tino com que provêra aos reparos da balandra, a segurança de sua manobra por entre, os parceis, e a sagacidade da posição que tomára, haviam inspirado a confiança absoluta, que torna a tripolação um instrumento cego e quasi mecanico na mão do commandante.

Em quanto esperava, Ayres vira do tombadilho passar uma canoinha de pescador, dirigida por uma formosa rapariga.

— Para aprender o meu novo officio de corsario vou dar caça á canôa! exclamou o mancebo a rir. Olá, rapazes!

E saltou no batel, acompanhado por quatro marujos que a um aceno esticaram os remos.

— Com certesa é espia dos calvinistas! Fórça, rapazes; carecemos de agarra-la a todo o transe.

Facilmente foi a canôa alcançada, e trazida a bordo a rapariga, que ainda tremula de medo, todavia já despregava dos labios no meio dos requebros vergonhosos um sorriso brejeiro.

Vira ella e ouvira os chupões que lhe atirava á surrelfa a boca de Ayres apinhada á feição de beijo.

— Toca a descançar, rapazes, e a refrescar. Eu cá vou tripular esta presa, em quanto não capturamos a outra.

Isto disse-o Ayres a rir; e os marujos lhe responderam no mesmo tom.

# V

## O COMBATE

Desabava a tempestade, que desde o transmontar do sol, estava imminente sobre a costa.

Passaram algumas lufadas rijas e ardentes ; eram as primeiras baforadas da procella. Pouco depois cahiu a refega impetuosa e cavou o mar, levantando enormes vagalhões.

Ayres até ali bordejava com o estais e a bujarrona, entre as ilhas dos Papagaios e a do Breu, mascarando a balandra de modo a não ser vista da escuna, que passava ao largo com as gaveas nos rinzes.

Ao cahir da refega porém, mandou Ayres soltar todo o panno, e metter a prôa direita sobre o corsario.

— Cheguem á falla, rapazes ; gritou o commandante.

Cercaram-n'o sem demora os marujos.

— Vamos sobre a escuna com a borrasca, des-
arvorados por ella, traquete rôto e o mais panno
a açoutar o mastro. Percebeis?

— Si está claro como o sol !

— Olhai os harpeos, que não nos escape das
garras o inimigo. Quanto ás armas, aproveitai
este aviso de um homem que elle só a dormir
entendia mais do officio, que todos os maritimos
do mundo e bem açcordados. Para a abordagem
não ha como a machadinha ; apunhada por um
homem destemido, não é arma, senão braço e
mão de ferro, que decepa quanto se lhe oppõe.
Não se carece de mais ; um cabide d'armas servirá para a deffeza, mas para o ataque, não.

Proferidas estas palavras, tomou Ayres a machadinha que lhe fôra buscar um grumete e pas-
sou-a na cinta sobre a ilharga.

— Alerta, rapazes, que estamos com elles.

Nesse momento com effeito a balandra acabando de dobrar a ponta da ilha estava no horisonte da escuna e podia ser avistada a cada
instante. Á advertencia do commandante, os marujos dispersaram-se pelo navio, correndo uns ás
vergas, outros ás enxarcias e escôtas de mezena
e traquete.

No portaló Ayres commandava uma manobra,

que os marinheiros de sobreaviso executavam ás
avessas; de modo que em poucos momentos far--
rapos de vella estortegavam como serpentes em
furia, enroscando-se ao mastro; levantava-se de
bordo medonha celeuma; e a balandra corria
em arvore secca arrebatada pela tempestade.

Da escuna, que singrava airosamente, capeando
á refega, viram os francezes de repente cahir-
lhes sobre como um turbilhão, o barco desarvo-
rado, e orçaram para evitar o abalroamento. Mas
de seu lado a balandra carregára, de modo que
foi inevitavel o choque.

Antes que os francezes se recobrassem do abalo
produzido pelo embate, arremessavam-se no tombadilho da escuna, doze demonios que abateram
quanto se interpunha a sua passagem. Assim
varreram o convez de prôa á popa.

Só ahi encontraram seria resistencia. Um mancebo, que pelo trajo e especto nobre, inculcava
ser o commandante da escuna, acabava de subir
ao convez, e precipitava-se contra os assaltantes,
seguido por alguns marinheiros que se haviam
refugiado naquelle ponto.

Mal avistou o reforço, Ayres que debalde
buscára com os olhos o commandante francez,

presentiu-o na figura do mancebo, c arrojou-se
ávante, abrindo caminho com a machadinha.

Foi terrivel e encarniçada a lucta. Eram para
se medirem os dois adversarios, na coragem,
como na destreza. Mas Ayres tinha por si a em-
briaguez do triumpho que obra prodigios, emquanto o francez scntia apagar-se a estrella de sua
ventura, e já não combatia sinão pela honra e pela
vingança.

Recuando ante os golpes da machadinha de Ayres, que relampeava como uma chuva de raios, o
commandante da escuna, acossado na borda atirou-se da pôpa abaixo, mas ainda no ar o alcan-
çára o golpe que lhe decepou o braço direito.

Um grito de desespero estrugiu pelos ares. Sol-
tára-o aquella mulher que lá se arroja para a
pôpa do navio, com os cabellos desgrenhados, e
uma linda criança constringida ao seio n'um impeto de afflição.

Ayres recuou tocado de compaixão e respeito.

Ella, que chegára á borda do pavez de ré precisamente quando o mar rasgava os abysmos para
submergir o esposo, tomou um impulso para arro-
jar-se apoz. Mas o pranto da filha a retrahiu desse
primeiro assomo.

Voltou-se para o navio, e viu Ayres a contempla-la mudo e sombrio; estendeu para elle a criança, e depondo-lh'a nos braços, desappareceu, tragada pelas ondas.

Os destroços da tripolação da escuna aproveitavam-se da occasião para atacar á traição Ayres, que elles suppunham desprecatado; porém o mancebo, apezar de commovido, percebeu-lhes o intento, e cingindo a criança ao peito com o braço esquerdo, marchou contra os corsarios, que buscaram nas vagas, como seu commandante, a ultima e fallaz esperança de salvação.

# VI

## A ORPHÃ

No dia seguinte, com a viração da manhã, entrava galhardamente a barra do Rio de Janeiro, uma linda escuna, que rasava as ondas como uma gaivota.

Não fôra sem rasão que o armador francez ao lançar do estaleiro aquelle casco bem talhado, com o nome de *Mouette*, lhe pozera na pópa a figura do alcyon dos mares, desfraldando as azas.

Á pôpa, na driça da mesena, tremulavam as quinas portuguezas sobre a bandeira franceza arreiada a meio e cosida como um tropheu.

No seu posto de commando, Ayres embora attento á manobra, não podia de todo arrancar-se aos pensamentos que de tropel lhe invadiam o espirito, e o disputavam com irresistivel tyrannia.

Fizera o mancebo uma presa soberba. Além do

carregamento de páu brazil com que sempre con-
tára, e de um excellente navio mui velleiro e de
solida construcção, achára a bordo da escuna
avultado cabedal em ouro, quinhão que ao capitão
francez coubera na presa de um galeão hespa-
nhol procedente do Mexico, e tomado em cam nho
por tres corsarios.

Achava-se pois Ayres de Lucena outra vez rico,
e por ventura mais do que o fôra; deduzida a
parte de cada marujo, e o preço da balandra,
ainda lhe ficavam uns cincoenta mil cruzados,
com os quaes podia continuar por muito tempo
a existencia dissipada que levára até então.

Com a riqueza, voltara-lhe o prazer de viver.
Naquelle momento respirava com delicia a fres-
cura da manhã, e seu olhar affagava amorosamente
a pequena cidade, derramada pelas encostas e
faldas do Castello.

Apenas fundeou a escuna, largou Ayres de bordo,
e ganhando a ribeira dirigiu-se a casa de Duarte
de Moraes.

Encontrou-o a elle e a mulher á meza do al-
moço; alguma tristeza que havia nessa refeição
de familia, a chegada de Ayres a dissipou como
por encanto. Era tal a effusão de seu nobre

semblante, que do primeiro olhar derramou um doce contentamento nas duas almas desconsoladas.

— Boas novas, Duarte!

— Não carecia que fallasseis, Ayres, pois já no-lo tinha dito vosso rosto prasenteiro. Não é, Ursula?

— Pois não fôra?... O senhor Ayres vem que é uma paschoa florida.

— E não lhe pareça, que foram paschoas para todos nós.

Referiu o mancebo em termos rapidos e succintos o que havia feito nos dois ultimos dias.

— Aqui está o preço da balandra e vosso quinhão da presa como dono : concluiu Ayres deitando sobre a mesa duas bolsas cheias de ouro.

— Mas isto vos pertence, pois é o premio de vosso denodo. Eu nada arrisquei sinão algumas taboas velhas, que não valiam uma onça.

— Valiam mil, e a prova é que sem as taboas velhas, continuarieis a ser um pobretão, e eu teria a esta hora acabado com o meu fadario ; pois já vos disse uma vez : a ampulheta de minha vida é uma bolsa, com a derradeira moeda cahirá o ultimo grão de areia.

— Porque vos habituastes á riqueza; mas a mim a pobreza, apezar de sua feia catadura, não me assusta.

— Assusta-me a mim, Duarte de Moraes, que não sei que ha de ser de nós quando se acabar o resto das economias ! acudiu Ursula.

— Bem vêdes, amigo, que não deveis sujeitar á privações a companheira de vossa vida, por um escrupulo que me offende. Não quereis reconhecer, que esta somma vos é devida, nem me concedeis o direito de obsequiar-vos com ella ; pois sou eu quem vos quero dever.

— Á mim, Ayres !

— Faltou-me referir uma circumstancia do combate. A mulher do corsario francez arrojou-se ao mar, apoz o marido, deixando-me nos braços sua filhinha de collo. Roubei a essa innocente criança pai e mãi ; quero reparar a orphandade a que voluntariamente a condemnei. Si eu não fosse o estragado e perdido que sou, lhe daría meu nome e a minha ternura !... Mas para um dia corar da vergonha de semelhante pai !... Não ! Não pode ser !...

— Não exagereis vossos peccados, Ayres ; foram os ardores da juventude. Aposto eu que já vão arrefecendo, e quando essa criança tornar-se moça, tambem estareis de todo emendado ! Não pensas como eu, Ursula ?

— Eu sei !... Na duvida não me fiava ; acudiu a linda carioca.

— O pai que eu destino a essa criança sois vós, Duarte de Moraes, e vossa mulher lhe servirá de mãi. Ella deve ignorar sempre que teve outros, e que fui eu quem lh'os roubei. Acceitem pois esta menina, e com ella a fortuna que lhe pertencia. Tereis animo de recusar-me este serviço, de que preciso para repouso de minha vida ?

— Disponde de nós, Ayres, e desta casa.

A um apito de Ayres, appareceu o velho Bruno, carregando nos braços como ama secca, a filha do corsario. Era um lindo anjinho louro, de cabellos anelados como os vellos do cordeiro, com os olhos azues e tão grandes, que lhe enchiam o rosto mimoso.

— Oh ! que seraphim ! exclamou Ursula tomando a criança das mãos rudes e callosas do gageiro, e cobrindo-a de caricia.

Nessa mesma noite o velho Bruno por ordem do capitão regalava a maruja na taberna do Simão Chanfana, ao beco da Fidalga.

Ayres ahi appareceu um momento para trincar uma saude com os rapazes.

## VII

### O BAPTISMO

Domingo seguinte a bordo da escuna tudo era festa.

No rico altar armado á popa com os mais custosos brocados, via-se a figura de Nossa Senhora da Gloria, obra de um entalhador de S. Sebastião que a esculpira em madeira.

Embora fosse tosco o trabalho, sahira o vulto da Virgem com um aspecto nobre, sobretudo depois que o artifice tinha feito a encarnação e pintura da imagem.

Em frente ao altar achavam-se Ayres de Lucena, Duarte de Moraes e a mulher, além dos convidados da funcção. Ursula tinha nos braços, envolta em alva toalha de crivo, a linda criancinha loura, que adoptára por filha.

Mais longe, a maruja commovida com a ceremonia, fazia alas, espera ndo que o padre se
paramentasse. Este não se demorou, com pouco
appareceu no convez e subiu ao altar.

Começou então a cerimonia do benzimento da
Virgem, que prolongou-se conforme o ceremo-
nial da igreja. Terminado o acto, todos até o ultimo
dos grumetes foram por sua vez beijar os pés
da Virgem.

Em seguida se passou ao baptismo da filha
adoptiva de Duarte de Moraes. Foi madrinha Nossa
Senhora da Gloria, de quem recebeu a menina o
nome que trouxe, pela razão de a ter Ayres sal-
vado no dia daquella invocação.

Esta razão porém calou-se ; pois a criança foi
baptisada como filha de Duarte de Moraes e Ursula ; e a explicação do nome deu-se com ter ella
escapado de grave doença no dia 15 de Agosto.
Por igual devoção tomou-se a mesma Virgem Santissima para padroeira da escuna, pois à sua divina e milagrosa intercessão se devia a victoria
sobre os hereges e a captura do navio.

Depois da benção e baptismo da escuna, acompanharam todos em procissão o sacerdote que de
imagem alçada dirigiu-se á prôa onde tinham de
antemão preparado um nicho.

Por volta do meio dia, terminou a ceremonia, e a linda escuna desfraldando as vellas bordejou pela bahia em signal de regosijo pelo seu baptismo, e veio deitar o ferro em uma sombria e formosa enseiada que havia na praia do Catette, ainda naquelle tempo coberta da floresta que deu nome ao logar.

Essa praia tinha dois outeiros que lhe serviam como de atalaias, um olhando para a barra, o outro para a cidade. Era ao sopé deste ultimo que ficava a abra, onde fundeou a escuna *Maria da Gloria*, á sombra das grandes arvores e do outeiro, que mais tarde devia tomar-lhe o nome.

Ahi serviu-se lauto banquete aos convivas, e levantaram-se muitos brindes ao heróe da festa, Ayres de Lucena, o intrepido corsario, cujos rasgos de valor eram celebrados com um enthusiasmo sincero, mas de certo afervorado pelas iguarias que trascalavam.

É sempre assim; a gula foi e hade ser para certos homens a mais fecunda e inspirada de todas as musas conhecidas.

Ao toque de trindade, cuidou Ayres de voltar á cidade, para desembarcar os convidados; mas com pasmo do commandante e de toda a maruja não o houve meio de safar a anchora do fundo.

Certos sujeitos mais desabusados asseguravam que sendo a praia coberta de arvores, na raiz de alguma fisgara a anchora, e assim explicavam o accidente. O geral, porém, vendo nisso um milagre, o referiam mais ou menos por este theor.

Segundo a tradicção, Nossa Senhora da Gloria agastada por terem-n'a escolhido para padroeira de um navio corsario, tomado aos hereges, durante o banquete abandonára o seu nicho da prôa e se refugiára no cimo do outeiro, onde á noite se via brilhar o seu resplendor por entre as arvores.

Sabendo o que, Ayres de Lucena botou-se para a praia e foi subindo a encosta do morro em demanda da luz, que lhe parecia uma estrella. Chegado ao tope, avistou a imagem da Senhora da Gloria, em cima de um grande seixo, e ajoelhado defronte um ermitão á resar.

— Quem te deu, barbudo, o atrevimento de roubares a padroeira de meu navio; gritou Ayres irado.

Ergueu-se o ermitão com brandura e placidez.

— Foi a Senhora da Gloria quem mandou-me que a livrasse da fabrica dos hereges e a trouxesse aqui onde quer ter sua ermida.

— Ha de te-la e bem rica, mas depois de servir de padroeira á minha escuna.

Palavras não eram ditas, que a imagem abalou do seixo onde estava e foi sem tocar o chão descendo pela encosta da montanha. De bordo viram o resplendor brilhando por entre o arvoredo, até que chegado á praia deslisou rapidamente pela flor das ondas em demanda da prôa do navio.

Eis o que ainda no seculo passado, quando se edificou a actual ermida de Nossa Senhora da Gloria, contavam os velhos devotos, coevos de Ayres de Lucena. Todavia não faltavam incredulos que mettessem o caso á bulha.

A cre-los, o ermitão não passava de um matreiro beato, que se aproveitára da confusão do banquete para furtar a imagem do nicho, e leva-la ao cimo do outeiro, onde não tardaria a inventar uma romagem, para especular com a devoção da Virgem.

Quanto ao resplendor era em linguagem vulgar um archote que o espertalhão levára de bordo, e que servira a Ayres de Lucena para voltar ao navio conduzindo a imagem.

# VIII

## A VOLTA

Dezaseis annos tinham decorrido.

Era sobre tarde.

Grande ajuntamento havia na esplanada do largo de S. Sebastião, ao alto do Castello para vêr entrar a escuna *Maria da Gloria*.

Os pescadores tinham annunciado a proxima chegada do navio, que bordejava fóra da barra á espera de vento, e o povo concorria para saudar o valente corsario cujas sortidas ao mar eram sempre assignaladas por façanhas admiraveis.

Nunca elle tornava do cruzeiro, sem trazer uma presa, quando não eram tres, como nessa tarde em que estamos.

Tornára-se Ayres com a experiencia um consumado navegante, e o mais bravo e temivel capitão de mar, entre quantos sulcavam os dois oceanos. Era de recursos inexgotaveis; tinha ardis para lograr o mais esperto maritimo; e com o engenho e intrepidez multiplicava as forças de seu navio a ponto de animar-se a combater náos ou fragatas, e de resistir ás esquadras de pichelingues que se juntavam para dar cabo delle.

Todas estas gentilezas, a maruja bem como a gente do povo, as lançava á conta da protecção da Virgem Santissima, acreditando que a escuna era invencivel, emquanto sua divina padroeira a não desamparasse.

Ayres tinha continuado na mesma vida dissipada; com a differença que a sua façanha da tomada da escuna, lhe incutira o gosto pelas emprezas arriscadas, que vinham assim distrahi-lo da monotonia da cidade, além de lhe fornecer o ouro que elle semeava a mãos cheias por seu caminho.

Em sentindo-se aborrido dos prazeres tão gozados, ou escasseando-lhe a moeda na bolsa, fazia se ao mar em busca dos pichelingues que já o conheciam as leguas e fugiam delle como o diabo da cruz. Mas dava-lhes caça o valente corsario, e perseguia-os dias sobre dias até fisgarlhes os harpeos.

Como o povo, tambem elle acreditava que á intercessão de N. Senhora da Gloria devia a constante

fortuna que uma so vez não o desajudara; e por-
isso tinha uma devoção fervorosa pela divina
padroeira de seu navio, a quem não esquecia de
encommendar-se nos tranzes mais arriscados.

Tornando de suas correrias maritimas, Ayres
da parte que lhe ficava liquida depois de repar-
tir a cada marujo seu quinhão, separava metade
para o dote de Maria da Gloria e a entregava á
Duarte de Moraes.

A menina crescera, estava moça, e a mais
prendada em formosura e virtude que havia então
neste Rio de Janeiro. Queria-lhe Ayres tanto bem
como á sua irmã, si a tivesse; e ella pagava com
usura esse affecto daquelle que desde criança
aprendera a estimar como o melhor amigo de seu
pai.

O segredo do nascimento de Maria da Gloria
fora respeitado, conforme o desejo de Ayres. Alem
do corsario e dos dois esposos, só o gageiro Bruno,
agora piloto da escuna, sabia quem realmente
era a gentil menina; para ella como para os mais,
seus verdadeiros pais foram Duarte de Moraes e
Ursula.

Nas torres os sinos á repicarem trindades, e
da escuna um batel á largar emquanto roda o
cabrestante ao pezo da anchora. Vinha no batel

um cavalheiro de aspecto senhoril, cujas feições tostadas ao sol ou crestadas pela salsugem do mar respiravam a energia e a confiança. Si nos combates o nobre parecer, assombrando-se com a sanha guerreira, infundia terror no inimigo; fóra, e ainda mais neste momento, a espansão jovial banhava-lhe o semblante de affavel sorriso.

Era Ayres de Lucena, esse cavalheiro; não mais o gentil e petulante mancebo; porém o homem tal como o tinham feito as pelejas e trabalhos do mar.

Na ponta da ribeira, que actualmente occupa o arsenal de guerra, Duarte de Moraes com os seus ancioso esperava o momento de abraçar o amigo, e seguia com a vista o batel.

De seu lado Ayres tambem já os avistara do mar, e não tirava delles os olhos.

Ursula estava a direita do marido, e a esquerda Maria da Gloria. Esta fallava á um mancebo que tinha junto de si, e com a mão lhe apontava o batel já proximo á abicar.

Apagou-se o sorriso nos labios de Ayres, sem que elle soubesse explicar o motivo. Sentira um aperto no coração, que se dilatava naquella abençoada hora da chegada com o prazer de volver á terra, e sobretudo á terra da patria, que é sempre para o homem, o gremio materno.

Foi pois já sem effusão e com o passo moroso que saltou na praia, onde Duarte de Moraes abria-lhe os braços. Depois de receber as boas vindas de Ursula, voltou-se Ayres para Maria da Gloria que desviou os olhos, retrahindo o talhe talvez na intenção de esquivar-se as caricias que sempre lhe fazia o corsario á chegada.

— Não me abraça, Maria da Gloria? perguntou o commandante com um tom de magoa.

Corou a menina, e correu a esconder o rosto no seio de Ursula.

— Olhem só ! Que vergonhas!... disse a dona a rir.

No entanto Duarte de Moraes, pondo a mão na espadua do mancebo, dizia a Ayres.

— Este é Antonio de Caminha, filho da mana Engracia, o qual vai agora para tres semanas nos chegou do reino, onde muito se falla de vossas proezas; nem são ellas para menos.

Dito o que, voltou-se para o mancebo.

— Aqui tens tu, sobrinho, o nosso homem; e bem o vedes que foi talhado para as grandes cousas que tem obrado.

Saudou Ayres cortezmente ao mancebo, mas

sem aquella affabilidade que a todos dispensava. Esse casquilho de Lisboa, que de improviso e á titulo de primo se introdusira na intimidade de Maria da Gloria, o corsario não o via de boa sombra.

Quando á noite se recolheu a casa, levou Ayres a alma cheia da imagem da moça. Até aquelle dia não vira nella mais do que a menina graciosa e gentil, com quem se habituara a folgar. Naquella tarde, em vez da menina, achou uma donzella de peregrina formosura, que elle contemplara enlevado nas breves horas passadas á seu lado.

# IX

## PECADO

Ia agora Ayres de Lucena todos os dias á casa de Duarte de Moraes, quando de outras vezes apenas lá apparecia de longe em longe.

Havia ahí um encanto que o attrahia, e este, pensava o corsario não ser outro sinão o affecto de irmão que votava a Maria da Gloria, e crescera agora com as graças e prendas da formosa menina.

Mui frequente era encontra-la Ayres a folgar em companhia do primo Caminha, mas á sua chegada ficava ella toda confusa e atada, sem animo de erguer os olhos do chão ou proferir palavra.

Uma vez, em que mais notou essa mudança, não se pôde conter Ayres que não observasse:

4

— Estou vendo, Maria da Gloria, que lhe metto medo?

— A mim senhor. Ayres? balbuciou a menina.

— A quem mais?

— Não me dirá porque?

— Está sempre alegre; mas é ver-me e fechar-se como agora n'esse modo triste e...

— Eu sou sempre assim.

— Não; com os outros não é; tornou Ayres fitando os olhos em Caminha.

Mas logo tomando um tom galhofeiro continuou:

— Sem duvida lhe disseram que os corsarios são uns demonios!...

— O que elles são, não sei; acudiu Antonio de Caminha; mas aqui estou eu que no mar não lhes quero ver nem a sombra.

— No mar tem seu risco; mas em secco não fazem mal; são como os tubarões; replicou Ayres.

N'esse dia, deixando a casa de Duarte de Moraes, conheceu Ayres de Lucena que amava a Maria da Gloria e com amor que não era de irmão.

A dôr que sentira pensando que ella podesse querer a outrem, que não elle, e elle sómente, lhe revelou a vehemencia d'essa paixão que se tinha embuido em seu coração e ahi crescera até que de todo o absorveu.

Um mez não era passado, que appareceram francezes na costa e com tamanha audacia que por vezes investiram á barra, chegando até a ilhota da Lage, apezar do forte de S. João na Praia Vermelha.

Ayres de Lucena, que em outra occasião fôra dos primeiros a sahir contra o inimigo, d'esta vez mostrou-se tibio e indifferente.

Emquanto outros navios se aprestavam para o combate, a escuna *Maria da Gloria* se embalava tranquillamente nas aguas da bahia, desamparada pelo commandante, que a maruja inquieta esperava debalde, desde o primeiro rebate.

Uma cadeia occulta prendia Ayres a terra, mas sobretudo á casa onde morava Maria da Gloria, a quem elle ia ver todos os dias, pesando-lhe que o não podesse a cada instante.

Para calar a voz da patria, que ás vezes bradava-lhe na consciencia, comsigo encarecia a necessidade de ficar para a deffensão da cidade, no caso de algum assalto, sobretudo quando sahia a perseguir os corsarios, o melhor de sua gente de armas.

Succedeu porem que Antonio de Caminha,

mancebo de muitos brios, teve o commando de
um navio de corso, armado por alguns mercadores
de S. Sebastião, do que mal o soube, Ayres, sem
mais detença foi-se á bordo da escuna, que desfraldou as velas fazendo-se ao mar.

Não tardou que se não avistassem os tres navios francezes, pairando ao largo. Galharda e
ligeira, com as velas apojadas pela brisa e sua
bateria prompta, correu a *Maria da Gloria* o
bordo sobre o inimigo.

Desde que fôra baptisado o navio, nenhuma
empreza arriscada se tentava, nenhum lance de
perigo se affrontava, sem que a maruja com o
commandante á frente, invocasse a protecção de
Nossa Senhora da Gloria.

Para isso desciam todos á camara da proa, já
preparada como uma capella. A imagem que
olhava o horisonte como a rainha dos mares,
girando na peanha voltava-se para dentro, afim
de receber a oração.

N'aquelle dia foi Ayres preza de estranha allucinação, quando resava de joelhos, ante o nicho
da Senhora. Na sagrada imagem da Virgem Santissima, não via elle senão o formoso vulto de
Maria da Gloria, em cuja contemplação se enle-
vava sua alma.

Por vezes tentou recobrar-se dessa alheiação dos sentidos e não o conseguiu. Foi-lhe impossivel arrancar d'alma a doce visão que a cingia como um regaço de amor. Não era a Mãi de Deus, a Rainha Celestial que elle adorava n'esse momento, mas a loura virgem que tinha um altar em seu coração.

Achava-se impio n'essa idolatria, e abrigava-se em sua devoção por Nossa Senhora da Gloria; mas ahi estava seu maior peccado, que era n'essa mesma fé tão pura, que seu espirito se desvairava, transformando em amor terrestre o culto divino.

Cerca de um mez Ayres de Lucena esteve no mar, já combatendo os corsarios e levando-os sempre de vencida, já dando caça aos que tinham escapado e castigando o atrevimento de ameaçarem a colonia portugueza.

Durante esse tempo, sempre que ao entrar em combate, a equipagem da escuna invocava o patrocinio de sua madrinha Nossa Senhora da Gloria, era o commandante preza da mesma allucinação que já sentira; e erguia-se da oração com um remorso, que lhe pungia o coração presago de algum infortunio.

Presentia o castigo de sua impiedade; e se

arrojava na peleja receioso de que o desamparasse
emfim a protecção da Senhora aggravada ; mas
por isso não lhe minguava a bravura, sinão que
o desespero lhe ministrava maior furor e novas
forças.

# X

## O VOTO

Ao cabo do seu cruzeiro, tornara Ayres ao Rio de Janeiro onde entrou á noite calada, quando já toda a cidade dormia.

Havia tempos que soara no mosteiro o toque de completas; já todos os fogos estavam apagados, e não se ouvia outro rumor a não ser o ruido das ondas na praia, ou o canto dos gallos, despertados pela claridade da lua ao nascer.

Cortando a flor das ondas alisadas, que se aljofravam com os brilhantes reçumos da espuma irisada pelos raios da lua, veio a escuna dar fundo em frente ao largo da Polé.

No momento em que ao fisgar d'ancora arfava o lindo navio, como um corsel brioso soffreado pela mão do ginete, quebrou o silencio da noite um dobre funebre.

Era o sino da igreja de Nossa Senhora do O' que tangia o toque da agonia. Teve Ayres como toda a equipagem, um aperto de coração ao ouvir o lugubre annuncio. Não faltou entre os marujos quem tomasse por máu agouro a circumstancia de ter a escuna fundeado no momento em que começara o dobre.

Logo apoz abicava á ribeira o batel conduzindo Ayres de Lucena, que saltou em terra ainda com o mesmo sossobro, e a alma cheia de inquietação.

Era tard. da noite para ver Duarte de Moraes; mas não quiz Ayres recolher sem passar-lhe pela porta, e avistar-se com a casa onde habitava a dama de seus pensamentos.

Alvoroçaram-se os sustos de sua alma já afflicta, encontrando aberta áquella hora adiantada a porta da casa, e as frestas das janellas esclarecidas pelas resteas de luz interior.

De dentro sahia um rumor soturno como de lamentos, entremeados com resa.

Quando deu por si, achava-se Ayres, conduzido pelo som do pranto, em uma camara illuminada por quatro cirios collocados nos cantos de um leito mortuario. Sobre os lençoes e mais livida que elles, via-se a estatua inanimada, mas sempre formosa, de Maria da Gloria.

A nivea cambraia que lhe cobria o seio mimoso, afflava com um movimento quasi imperceptivel, mostrando que ainda não se extinguira de todo n'esse corpo gentil o halito vital.

Ao ver Ayres, Ursula, o marido e as mulheres que rodeavam o leito, ergueram para elle as mãos com um gesto de desespero e redobraram o pranto.

Não os percebia porem o corsario; seu olhar baço e morno se fitara no vulto da moça e parecia entornar sobre ella toda sua alma, como uma luz que broxulea.

Um momento, as palpebras da menina se ergueram a custo, e os olhos azues, coalhados em um pasmo glacial, volvendo para o nicho de jacarandá suspenso na parede, cravaram-se na imagem de Nossa Senhora da Gloria, mas cerraram-se logo.

Estremeceu Ayres, e ficou um instante como alheio a si, e ao que passava em torno.

Lembrava-se do pecado de render impia adoração á Maria na imagem de Nossa Senhora da Gloria, e via na enfermidade que lhe arrebatava a menina, um castigo de sua culpa.

Pendeu-lhe a cabeça acabrunhada, como se

vergasse ao pezo da cholera celeste; mas de chofre a ergueu com a resolução de animo que o arrojava ao combate: e por sua vez pondo os olhos na imagem de Nossa Senhora da Gloria, cahiu de joelhos com as mãos erguidas.

— Pequei, Mãi Santissima, murmurou do fundo d'alma: mas vossa misericordia é infinita. Salvai-a; por penitencia de meu pecado andarei um anno inteiro no mar para não a ver; e quanto trouxer hade ser para as alfaias de vossa capella.

Não eram proferidas estas palavras, quando estremeceu com um sobresalto nervoso, o corpo de Maria da Gloria. Entreabriu ella as palpebras e exhalou dos labios fundo e longo suspiro.

Todos os olhos se fitaram anciosos no formoso semblante, que ia-se corando com uma tenue aura de vida.

— Torna a si! exclamaram as vozes a um tempo.

Ergueu Ayres a fronte, duvidando do que ouvia. Os meigos olhos da menina ainda embotatados pelas sombras da morte que os tinham roçado, fitarem-se n'elle; e um sorriso angelico enflorou a rosa d'esses labios que pareciam sellados para sempre.

— Maria da Gloria! bradou o corsario arrastando-se de joelhos para a cabeceira do leito.

Demorou a menina um instante n'elle o olhar e o sorriso, depois volvendo-os ao nicho crusou as mãos ao peito, e balbuciou flebilmente algumas palavras de que apenas se ouviram estas :

— Eu vos rendo graças, minha celeste Madrinha, minha Mãe Santissima, por me terdes ouvido...

Expirou-lhe a voz nos labios; outra vez cerraram-se as palpebras, e descahiu-lhe a cabeça nas almofadas. A donzella dormia um somno placido e sereno.

Passara a crise da enfermidade. Estava salva a menina.

———

# XI

## NOVENA

A primeira vez que Maria da Gloria sahiu da camara para a varanda, foi uma festa em casa de Duarte de Moraes.

Ninguem se cabia de contente com o regosijo de ver a menina outra vez restituida as alegrias da familia.

De todos o que mostrava menos era Ayres de Lucena, pois por instantes sua feição velavase com uma nuvem melancholica; mas sabiam os outros que dentro d'alma ninguem maior; nem tamanho jubilo sentira, como elle; e sua tristeza naquelle momento era a lembrança do que soffrera vendo a moça a expirar.

Ahi estava entre outras pessoas da privança da casa, Antonio de Caminha que se houvera galhardamente na preseguição dos francezes, embora não lograsse capturar a preza á que dera caça.

Não escondia o moço o regozijo que sentia com o restabelecimento daquella aquem já tinha chorado, como perdida para sempre.

Nesse dia revelou Maria da Gloria aos pais um segredo que escondia.

— É tempo de saberem o pai e a mãi que fiz um voto á N. Senhora da Gloria, e peço sua licença para o cumprir.

— Tu a tens! disse Ursula.

— Falla; dize o que prometteste? acrescentou Duarte de Moraes.

— Uma novena.

— O voto foi para te por bôa? perguntou a mãi.

Corou a moça e confuza esquivou-se á resposta. Acodiu então Ayres que até ali ouvira calado:

— Não se precisa saber o motivo; basta que o voto se fez, para se dever cumprir. Tomo sobre mim o que fôr preciso para a novena, e não consinto que ninguem mais se encarregue disso; estais ouvindo, Duarte de Moraes.

Cuidou Ayres desde logo nos aprestos da

devoção, e para que se fizesse com o maior appa-
rato, resolveu que a novena seria em uma
capella do mosteiro, para o qual se transporta-
ria de seu nicho da escuna a imagem de N.
Senhora da Gloria.

Diversas vezes foi elle com Maria da Gloria
e Ursula a uma loja de capelista para se pro-
verem de alfaias com que adornassem a sagrada
imagem. O melhor ourives de S. Sebastião in-
cumbiu-se de fazer um novo resplendor cravejado
de brilhantes ; emquanto a menina com suas
amigas recamava de alcalhofras de ouro um rico
manto de brocado verde.

Nestes preparativos consumiam-se os dias, e
tão occupado andava Ayres com elles, que não
pensava em outra cousa, nem já se lembrava
do voto que fizera ; passava as horas junto de
Maria da Gloria, entretendo-se com ella dos
aderessos da festa, satisfazendo-lhe as minimas
fantasias; essa doce tarefa o absorvia por modo
que não lhe sobravam, nem pensamentos para
mais.

A final chegou o dia da novena, que celebrou-
se com uma pompa ainda não vista na cidade de
S Sebastião. Foi grande a concurrencia de

devotos que vieram de S. Vicente e Itanhaem para assistir á festa.

A todos encantou a formosura de Maria da Gloria, que tinha um vestido de riço azul com recamos de prata, e um collar de turquezas com arrecadas de saphiras.

Mas suas joias, de maior preço, as que mais a adornavam, eram as graças de seu meigo semblante que resplandecia com uma aureola celeste.

— Jesus!... exclamou uma velha beata. Podia-se tirar d'ali, e pol-a no altar que a gente havia de adoral-a, como a propria imagem da Senhora da Gloria.

Razão, pois, tinha Ayres de Lucena, que toda a festa a esteve adorando, sem carecer de altar, e tão absorto que de todo esqueceu o lugar onde se achava, e o fim que ali o trouxera.

Só quando, terminada a festa, elle sahia com a familia de Duarte de Moraes, acodiu-lhe que não rezara na igreja, nem rendera graças á Senhora da Gloria por cuja milagrosa intercessão escapara a menina da cruel enfermidade.

Era tarde porem; e si passou-lhe pela mente a ideia de tornar a igreja para reparar seu esquecimento, o sorriso de Maria da Gloria arrebatou-

lhe de novo o espirito n'aquelle enlevo, em que
o tivera preso.

Depois da doença da menina dissipara-se o enleio que ella sentia na presença de Ayres de Lucena. Agora com a chegada do corsario, em vez
de acanhar-se ao contrario expandia-se a flor de
sua graça, e desabrochava em risos, embora ro-
seados pelo pudor.

Uma tarde que passeavam os dous pela ribeira,
em companhia de Duarte de Moraes e Ursula,
Maria da Gloria, vendo embalar-se airosamente
sobre as ondas a escuna, soltou um suspiro e voltando-se para Lucena, disse-lhe:

— Agora tão cedo não vae ao mar!

— Porque?

— Deve descançar.

— Somente por isso? perguntou Ayres descon-
solado.

— E tambem pelas saudades que deixa aos
que lhe querem, e pelos cuidados que nos leva.
O pai que diz? Não é assim?

— Certo, filha, que o nosso Ayres de Lucena
já tem feito muito pela patria e pela religião,
para dar-nos tambem aos amigos alguma parte da
sua existencia.

— Toda vo-la darei d'ora avante; ainda que

tenha eu tambem saudades do mar, das noitadas
de bordo, e daquelle voar nas azas da borrasca,
em que o homem acha-se face á face com a colera do ceo. Mas, pois, assim o querem, seja feita
a vossa vontade.

Estas ultimas palavras proferiu-as Ayres olhando para a menina .

— Não se peze d'isso, tornou-lhe ella; que em
lhe apertando as saudades, embarcaremos todos
na escuna, e iremos correr terras, onde nos levar
a graça de Deos e de minha Madrinha.

## XII.

### O MILAGRE.

Correram mezes, que Ayres passou na doce intimidade da familia de Duarte de Moraes, e no enlevo de sua admiração por Maria da Gloria.

Já não era o homem que fôra ; os prazeres em que outr'ora se engolphava, de presente os aborrecia, e tinha vergonha da vida dissipada que levara até ali.

Ninguem mais o via por tavolagens e folias, como nos tempos em que parecia soffrego de consummir a existencia.

Agora si não estava em casa de Duarte de Moraes, perto de Maria da Gloria, andava pelas ruas á scismar.

Ardia o cavalheiro por abrir seu coração áquella que já era delle senhora, e muitas vezes fora com o proposito de fallar-lhe do seu affecto.

Mas na presença da menina o desamparava a resolução que trazia ; e sua voz affeita ao commando, e habituada á dominar o rumor da procella e o estrondo dos combates, balbuciava timida e submissa uma breve saudação.

Era o receio de que a menina voltasse á esquivança de antes, e viesse a tratal-o com a mesma reserva e acanhamento que tanto o magoava então.

Não se apagara de todo na n'alma do corsario a suspeita de ser o affecto de Antonio Caminha bem acolhido, sinão já retribuido, por Maria da Gloria.

E' certo que a menina tratava agora o primo com affastamento e enleio, que mais se manifestava quando este a enchia de attenções e finezas.

Ora Ayres que se julgava aborrecido por merecer um tratamento semelhante; agora que todas as effusões da gentil menina eram para elle, desconfiava desse acanhamento, que podia encobrir um timido affecto.

Assim é sempre o coração do homem, a revolver-se no constante ser e não ser em que se escoa a vida humana.

De sahir ao mar, era cousa em que Ayres já não

tocava aos marujos da escuna, que mais ou menos andavam ao corrente do que havia. Si alguem lhes fallava de fazerem-se ao largo, respondiam á rir, que o commandante encalhara n'agua doce.

Muito tempo já era passado depois de sua ultima viagem, quando Ayres de Lucena querendo acabar com a incerteza em que vivia animou-se á dizer a filha adoptiva de Duarte de Moraes, uma noite ao despedir-se della :

— Maria da Gloria tenho um segredo para contar-lhe.

O labio que proferiu estas palavras era tremulo, e o olhar do cavalheiro retirou-se confuso do semblante da menina.

— Que segredo é, senhor Ayres ? respondeu Maria da Gloria tambem perturbada.

— Amanhã lh'o direi.

— Olhe lá !

— Prometto.

No dia seguinte por tarde encaminhou-se o corsario para a casa de Duarte de Moraes; ia resolvido a declarar-se com Maria da Gloria e confessar-lhe o muito que a queria para sua esposa e companheira.

Levava o pensamento agitado e o coração

inquieto como quem vae decidir de sua sorte. Ás vezes apressava o passo, na soffreguidão de chegar; outras o retardava com receio do momento.

Á rua da Misericordia encontrou-se com um ajuntamento, que o fez parar. No meio da gente via-se um homem idoso, com os cabellos já grisalhos da cabeça e da barba tão longos, que lhe desciam aos peitos e caiam sobre as espaduas.

Caminhava elle, ou antes se arrastava de joelhos, e levava em bandeja de metal um objecto, que tinha figura de mão cortada acima do punho.

Pensou Ayres que era esta a scena, muito commum n'aquelles tempos, do cumprimento solemne de uma promessa; e seguiu a procissão com olhar indifferente.

Ao aproximar-se porem o penitente, conheceu com horror que não era um *ex-voto* de cera, ou milagre, como o chamava o vulgo, o objecto posto em cima da salva; mas a propria mão cortada do braço direito do devoto, que ás vezes levantava para o céo o coto mal cicatrisado ainda.

Inquiriu dos que o cercavam a explicação do estranho caso; e não faltou quem lh'a désse com particularidades que hoje fariam rir.

Tivera o penitente, que era mercador, um panariço na mão direita; e sobreveiu-lhe grande inflamação de que resultou a gangrena. No risco de perder a mão, e talvez a vida, valeu-se o homem de S. Miguel dos Santos, advogado contra os cancros e tumores, e prometteu-lhe dar para sua festa o peso em prata do membro enfermo.

Exalçou o Santo a promessa, pois sem mais auxilio de mesinhas, veio o homem a ficar inteiramente são, e no perfeito uso da mão, quando no juizo do phisico pelo menos devia ficar aleijado.

Restituido a saude, o mercador que era muito agarrado ao dinheiro, espantou-se com o peso que lhe haviam tomado do braço enfermo; e achando salgada a quantia, revolveu de esperar pela decisão de certo negocio, de cujos lucros tencionava tirar o preciso para cumprir a promessa.

Um anno decorreu porem sem que o tal negocio se concluisse, e ao cabo desse tempo começou a mão do homem a mirrar, a mirrar, até que ficou de todo secca e rija, como si fôra de pedra.

Conhecendo então o mercador que estava sendo castigado por não haver cumprido a promessa, levou sem mais detença a prata que devia ao Santo; mas este já não a quiz receber, pois ao amanhecer do outro dia achou atirada a porta da igreja a offerenda que ficara sobre o altar.

O mesmo foi da segunda e terceira vez; até que o mercador vendo que era sem remissão a sua culpa e devia expia-la; decepou a mão já secca e vinha traze-la, não só como symbolo do milagre, mas como lembrança do castigo.

Eis o que referiram á Ayres de Lucena.

# XIII

## AO MAR

Já tinha desfilado a procissão e ficára a rua deserta, que ainda lá estava no mesmo lugar Ayres de Lucena quedo como uma estatua.

Seus espiritos se tinham afundado em um pensamento que os submirgiam como em um abysmo. Lembrara-se que tambem fizera um voto e ainda não o havia cumprido, dentro do anno que estava quasi devolvido.

Horrorisava-o a idéa do castigo, que talvez já estava iminente. Tremia não por sua pessoa, mas por Maria da Gloria, que a Virgem Santissima ia levar, como S. Miguel seccara a mão que antes havia sarado.

Quando o corsario deu acordo de si e viu onde se achava correu á praia, saltou na primeira canoa de pescador, e remou direito para a escuna, cujo garboso perfil se desenhava no horisonte illuminado pelos arreboes da tarde.

— Prepara para largar! Leva ancora!... gritou elle apenas pisou no tombadilho.

Acudiu a maruja á manobra com a prestesa do costume e aquelle fervor que sentia sempre que o commandante a conduzia ao combate.

No dia seguinte ao amanhecer tinha a escuna desapparecido do porto, sem que hovesse noticia della, ou do destino que levava.

Quando em casa de Duarte de Moraes soube-se da nova, perderam-se todos em conjecturas à cerca dessa partida subita, que nada explicava; pois não havia indicios de andarem pichelingues na costa, e nem se fallava de qualquer expedição contra aventureiros que por ventura se tivessem estabelecido em terras da colonia.

Maria da Gloria não quiz acreditar na partida de Ayres, e tomou por gracejo a noticia.

Afinal rendeu-se á evidencia, mas convencida de que ausentara-se o corsario por alguns dias, sinão horas, no impeto de combater algum pirata e não tardaria voltar.

Succederam-se porém os dias, sem que houvesse novas da escuna e de seu commandante. A esperança foi mu chando no coração da menina, como a flor crestada pelo frio, e afinal desfolhou-se.

Apagara-se-lhe o sorriso dos labios; e o brilho dos lindos olhos empanou-se com o soro das lagrimas choradas em segredo.

Assim foi se finando de saudades pelo ingrato que a tinha desamparado levando-lhe o coração.

Desde muito que a gentil menina estremecia o cavalleiro; e dahi nascera o sossobro que sentia em sua presença. Quando a cruel enfermidade assaltou-a, e que ella prostrada no leito, teve consciencia de seu estado, o primeiro pensamento foi pedir a Nossa Senhora da Gloria que não a deixasse morrer, sem dizer adeus aquelle por quem somente quizera viver.

Não só ouvira seu rogo a Virgem Santissima, como a restituira á vida e ternura do querido de sua alma. Este era o segredo da novena que se tinha feito logo depois do seu restabelecimento.

A afflicção de Ayres durante a molestia da menina, os disvellos que mostrava por ella, ajudando Ursula na administração dos remedios e nos incessantes cuidados exigia a convalescença; mas principalmente, a ingenua expansão d'alma, que em crises como aquella, se desprende das mise-

rias da terra, e paira em uma esphera superior;
tudo isso, rompera o enleio que havia entre os
dous corações, e estabelecera uma doce corres-
pondencia e intimidade entre elles.

Nesse enlevo de querer e ser querida, vivera Maria da Gloria todo o tempo depois da molestia.
Qual não foi pois o seu desencanto quando Ayres
se partiu sem ao menos dizer-lhe adeus, e quem
sabe si para não mais voltar.

Cada dia que volveu foi para ella o supplicio
de uma esperança a renascer a cada instante para
morrer logo apoz no mais cruel desengano.

Cerca de um anno era passado, e em S. Sebastião não havia novas da escuna Maria da Gloria.

Para muita gente passava como certa a perda do
navio com toda a tripolação ; e em casa de Duarte
de Moraes já se trazia luto pelo amigo e protector
da familia.

Maria da Gloria porem tinha no coração um presentimento de que Ayres ainda vivia, embora longe della, e tão longe que nunca mais o podesse
ver neste mundo.

Na crença do povo miudo o navio do corsario
andava no oceano encantado por algum genio do
mar ; mas havia de apparecer quando quebrasse o

encanto, o que tinha de succeder pela intrepidez e arrojo do destemido Lucena.

Essa versão popular ganhou mais força com os contos da maruja de um navio da carreira das Indias, que fazia escala em S. Sebastião vindo de Goa.

Referiam os marinheiros que um dia, sol claro, passara perto delles um navio apparelhado em escuna, cuja tripolação compunha-se toda de homens vestidos de compridas esclavinas brancas e marcados com uma cruz negra no peito.

Como lhes observassem que talvez seriam penitentes, que iam de passagem, affirmavam seu dito, assegurando que os vira executar a manobra mandada pelo commandante, tambem vestido da mesma maneira.

Accrescentavam os marinheiros que muitos dias depois, em uma noite escura e de calmaria, tinham avistado ao largo o mesmo navio a boiar sem governo ; mas todo resplandecente das luminarias dos cirios accezos em capellas, e á volta de uma imagem.

A tripolação, vestida de esclavina, resava o terço ; e as ondas banzeiras gemendo na proa, acompanhavam o canto religioso, que se derramava pela immensidade dos mares.

Para o povo, eram estas as provas evidentes de estar o navio encantado ; e se misturava assim o paganismo com a devoção christã, tinha aprendido este disparate com bom mestre, o grande Camões.

# XlV

## A VOLTA.

Um anno, de dia a dia, andou Ayres no mar.

Desde que se partira do Rio de Janeiro não puser o pé em terra, nem a avistara sinão o tempo necessario para enviar um batel em busca das provisões necessarias.

Na tarde da sahida, deixara-se Ayres ficar na popa do navio até que de todo sumiu-se a costa ; e então derrubara a cabeça aos peitos e quedara-se até que a lua assomou no horisonte.

Era meia noite.

Ergueu-se e vestindo uma esclavina chamou a maruja, a quem dirigiu estas palavras.

— Amigos, vosso capitão tem de cumprir um voto e fazer uma penitencia. O voto é não tornar a S. Sebastião antes de um anno. A penitencia é passar esse anno todo no mar sem pisar em terra, assim vestido, e em jejum rigoroso, mas combatendo sempre os inimigos da fé. Vós não tendes voto a cumprir nem pecado a remir, sois livres, tomai o batel, recebei o abraço de vosso capitão, e deixai que se cumpra a sua sina.

A maruja abaixou a cabeça e ouviu-se um som rouco ; era o pranto á romper dos peitos duros e callosos da gente do mar :

— Não hade ser assim ! clamaram todos. Juramos acompanhar o nosso capitão na vida e na morte ; não o podemos desamparar, nem elle despedir nos para negar a gente a sua parte nos trabalhos e perigos. Sua sina, é a de todos nós, e a deste navio onde havemos de acabar, quando o Senhor for servido.

Abraçou-os o corsario ; e ficou decidido que toda a tripolação acompanharia seu commandante no voto e na penitencia.

No dia seguinte cortaram os marujos o panno de umas velas rotas que tiraram do porão e arranjaram esclavinas para vestirem, fazendo as cruzes com dous pedaços de corda atravessadas.

Ao por do sol cantavam o terço ajoelhados a imagem de Nossa Senhora da Gloria, ao qual levantou-se um nicho com altar, junto do mastro

grande, afim de acodirem mais promptos a manobra do navio.

Ao entrar de cada quarto, tambem resavam a
ladainha, a imitação das horas canonicas dos con-
ventos.

Si porem succedia apparecer alguma vela no horisonte e o vigia da gavia assignalava um piche-
linge; de momento despiam as esclavinas, empu-
nhavam as machadinhas, e saltavam á abordagem.

Destroçado o inimigo tornavam á penitencia e
proseguiam tranquillamente na resa começada.

Quando completou um anno, que tinha a escuna
deixado o porto de S. Sebastião, á meia noite, Ayres
de Lucena aproou para terra, e soprando fresca a
brisa de leste ao romper d'alva começou a dese-
nhar-se no horisonte a costa do Rio de Janeiro.

Por tarde, a escuna corria ao longo da praia da
Copa Cabana, e com as primeiras sombras da noite
largava o ferro em uma abra deserta que ficava
proxima da Praia-Vermelha.

Saltou Ayres em terra, deixando o commando a
Bruno, com recommendação de entrar barra dentro ao romper do dia; e a pé seguiu para a cidade
pelo caminho da praia, pois ainda se não tinha
aberto na mata virgem da Carioca, a picada que

mais tarde devia ser a rua aristocratica do Catete.

Ia sobresaltado o corsario com o que podia ter acontecido durante o anno de sua ausencia.

Sabia elle o que o esperava ao chegar? Tornaria a ver Maria da Gloria, ou lhe teria sido arrebatada, apesar da penitencia que fizera?

As vezes parecia-lhe que ia encontrar a mesma scena da vez passada, e achar a moça de novo prostrada no leito da dor; mas desta para não mais erguer-se; porque a Senhora da Gloria para o punir não ouviria mais a sua prece.

Eram oito horas quando Ayres de Lucena chegou a casa de Duarte de Moraes.

A luz interior filtrava pelas frestas das rotulas; e ouvia-se rumor de vozes, que fallavam dentro. Era ali a casa de jantar, e Ayres espiando viu á mesa toda a familia reunida, Duarte de Moraes, Ursula e Maria da Gloria, os quaes estavam no fim da ceia.

Passado o sossobro de rever a menina, Ayres foi a porta e bateu.

Duarte e a mulher se entreolharam sorpresos d'aquelle bater fora de horas; Maria da Gloria porem levou a mão ao seio, e disse com um modo brando e sereno:

— E' elle, o senhor Ayres, que está de volta!

— Que lembrança de menina! exclamou Ursula.

— Não queres acabar de crer, filha que meu pobre Ayres, ha muito que está com Deus! observou Duarte melancolico.

— Abra o pai! respondeu Maria da Gloria mansamente.

Deu elle volta a chave, e Ayres de Lucena apertou nos braços ao amigo attonito de o ver depois de por tanto tempo o haver por morto.

Grande foi a alegria de Duarte de Moraes e a festa de Ursula com a volta de Ayres.

Maria da Gloria porem, si alguma cousa sentiu, não deu a perceber; fallou com o cavalleiro sem mostra de sorpreza, nem de contentamento, como si elle a tivesse deixado na vespera.

Este acolhimento indifferente confrangeu o coração de Ayres, que ainda mais se affligia notando a pallidez da moça, a qual parecia estar-se definhando como a rosa, a quem a larva devora o seio.

## XV

### O NOIVO

Em um mez, que tanto fazia desde a volta de Ayres, não lhe dissera Maria da Gloria uma palavra sequer a cerca da longa ausencia.

— Tão alheio lhe sou, que nem se apercebeu do anno que passei longe della.

De seu lado tambem não tocava o cavalheiro nesse incidente de sua vida, que desejava esquecer. Quando Duarte de Moraes insistia com elle para saber a razão porque se partira tão inesperadamente, e por tanto tempo sem dar avizo aos amigos, o corsario exquivava-se á explicação e apenas respondia:

— Tive noticia do inimigo e fui-me sem detença. Deus Nosso Senhor ainda permettiu que tornasse ao cabo de um anno, e eu lhe rendo graças.

Convenceram-se quantos o ouviam fallar assim

que havia um misterio na ausencia do cavalheiro ;
e o povo miudo cada vez mais persistia na crença
de que a escuna estivera encantada todo aquelle
tempo.

O primeiro cuidado de Ayres, logo depois de sua
chegada, foi ir com toda a sua maruja levar ao
mosteiro de S. Bento o preço de tudo quanto
haviam capturado, para ser aplicado a festa e ór-
nato da capella de Nossa Senhora da Gloria.

Acabado assim de cumprir o seu voto e a pe-
nitencia a que se tinha sujeitado ; não pensou
Ayres senão em viver como d'antes para Maria da
Gloria, bebendo a graça de seu formoso semblante.

Mas não tornaram nunca mais os dias aben-
çoados do intimo contentamento em que tinham
vivido outrora. Maria da Gloria mostrava a mesma
indifferença pelo que passava em torno della ; parecia uma creatura já despedida deste valle de
lagrimas, e absorta na visão de outro mundo.

Dizia Ursula que essa abstração de Maria da
Gloria lhe ficara da doença, e só havia de passar
em casando ; pois não ha para curar as meninas
solteiras como os banhos da igreja

Notara porém Ayres que especialmente com
elle tornava-se a menina mais arredia e concen-
trada ; e vendo a differença de seu modo para com

Antonio de Caminha, de todo convenceu-se que a menina gostava do primo, e estava se finando pelo receio de que elle Ayres pozesse obstaculo á seu mutuo affecto.

Dias depois que essa ideia lhe entrou no espirito, achando-se em casa de Duarte de Moraes, succedeu que Maria da Gloria de repente debulhou-se em pranto, e eram tantas as lagrimas que lhe corriam pelas faces como fios de aljofares.

Ursula que a viu nesse estado, exclamou :

— Que tens tu, menina, para chorar assim?

— Um peso do coração!... Chorando passa.

E a menina sahiu a soluçar.

— Tudo isso é espasmo ! observou Ursula. Si não a cazarem quanto antes, vai a mais, a mais, e talvez quando lhe quizerem acudir, não tenha cura.

— Já que se offerece a occasião, carecemos tratar deste particular, Ayres, em que desde muitos dias atraz ando para tocar-vos.

Perturbou-se Ayres a ponto que faltou-lhe a voz para retorquir ; foi a custo e com esforço que vencida a primeira commoção pode responder.

— Estou ao vosso dispor, Duarte.

— É tempo de saberdes que Antonio de Caminha

quer bem a Maria da Gloria e já nos confessou o desejo que tem de a receber por esposa. Tambem a pediu o Fajardo, sabeis, aquelle vosso camarada; mas esse é muito velho para ella; podia ser seu pai.

— Tem a minha idade, com differença de mezes; observou Ayres com uma expressão resignada.

— Assentei não decidir sobre isso em vossa ausencia, pois embora vos considerassemos perdido, não tinhamos essa certeza: e agora que nos fostes felizmente restituido, a vós compete decidir da sorte daquella que tudo vos deve.

— E Maria da Gloria?... perguntou Ayres já senhor de si. Retribue ella o affecto de Antonio de Caminha, e o quer por marido?

— Sou capaz de jurar; acodiu Ursula.

— Não consenti que se lhe fallasse nisto, sem primeiro sabermos si era de vosso agrado essa união. Mas ella ahi está; podemos interroga-la si o quereis, e será o melhor.

— Avisaes bem, Duarte.

— Ide Ursula e trazei-nos Maria da Gloria, mas não careceis de previnil-a.

Com pouco voltou a mulher de Duarte acompanhada pela menina.

— Maria da Gloria, disse Duarte, vosso primo Antonio de Caminha pediu vossa mão, e nós desejamos saber si é de vosso agrado casar-vos com elle.

— Já não sou deste mundo, para casar-me nelle ; respondeu a menina.

— Deixai-vos de ideias tristes. Haveis de recobrar a saude : e com o casamento voltará a alegria que perdestes !

— Essa mais nunca !

— Emfim decidi d'uma vez si quereis Antonio de Caminha por marido, pois melhor não creio que possais achar.

— E' do agrado de todos, este casamento ? perguntou Maria da Gloria fitando os olhos em Ayres de Lucena.

— De todos, começando por aquelle que tem sido vosso protector, e que tanto, sinão mais do que vossos paes, tinha o direito de escolher-vos um esposo.

— Pois que foi escolhido por vós, senhor. Ayres, aceito.

— O que eu ardentemente desejo, Maria da Gloria, é que elle fos faça feliz.

Um triste sorriso desfolhou-se pelos labios da menina.

Ayres retirou-se arrebatado, porque sentiu romper-lhe do seio o soluço, por tanto tempo recalcado.

———

# XVI

## A BODA.

Eram cerca de 4 horas de uma formosa tarde de Maio.

Abriam-se de par em par as portas da matriz, no alto do Castello, o que annunciava a celebração de um acto religioso.

Já havia no adro de S. Sebastião numeroso concurso de povo, que ali viera trazido pela curiosidade de assistir á cerimonia.

A' parte, em um dos cantos da igreja, recostado ao angulo via-se um velho marujo que não era outro sinão o Bruno.

O contramestre não estava nesse dia de boa sombra; tinha um semblante carrancudo, e as vezes fechando a mão callejada ferrava um murro em cheio na carapuça.

Quando seus olhos espraiando-se pelo mar, encontravam a escuna, que de anchora a pique, balouçava-se sobre as ondas, prestes a fazer-se de vella ; o velho marujo soltava um suspiro ruidoso.

Depois voltava-se para a ladeira da Misericordia, como si contasse ver chegar desse lado alguma pessoa, por quem estivesse esperando.

Não se passou muito, que não apontasse no alto da subida um prestito numeroso, o qual seguiu direito a portaria da matriz.

Vinha no centro Maria da Gloria, vestida de noiva, e cercada por um bando de virgens, todas de palma e capella, que iam levar ao altar a sua companheira.

Seguiam-se Ursula, as madrinhas, e outras damas convidadas para a boda, a qual era sem duvida das de maior estrondo que se tinham celebrado até então na cidade de S. Sebastião.

Ayres de Lucena assim o determinara, e de seu bolso concorreu com o cabedal necessario para a maior pompa da ceremonia.

Logo apoz as damas, caminhava o noivo, Antonio de Caminha, entre os dois padrinhos, e no meio de grande cortejo de convidados, dirigido por Duarte de Moraes e Ayres de Lucena.

Ao entrar a portada da igreja, Ayres destacou-se um momento para fallar a Bruno, que avistando-o, viera á elle:

— Aprestou-se tudo ?

— Tudo, meu capitão.

— Ainda bem ; d'aqui a uma hora, partiremos, e para não mais voltar, Bruno.

Ditas estas palavras, Ayres entrou na igreja. O velho marujo que advinhara quanto soffria naquelle momento o seu capitão, ferrou outro murro na carapuça, e tragou o soluço que lhe estava estortegando na garganta.

Dentro da matriz já os noivos tinham sido conduzidos ao altar, onde os esperava o vigario paramentado para celebrar o casamento, cuja ceremonia logo começou.

O corsario de joelhos em um dos angulos mais obscuros do corpo da igreja, assistia de longe ao acto ; mas de momento a momento acurvava a fronte sobre as mãos esclavinhadas, como absorvido em fervente oração.

Não resava, não ; bem o quisera ; mas um tropel de pensamentos se agitava em seu espirito abatido, que o arrastava ao passado, e o fazia reviver os annos devolvidos.

Repassava na mente seu viver de outrora ; e acreditava que Deus lhe enviara do ceo um anjo da guarda para o salvar. No caminho da perdição, elle o encontrara sob a forma de umà gentil criança ; e desde esse dia sentira despertarem em sua alma os estimulos generosos, que o vicio nella havia sopitado.

Mas porque tendo-lhe enviado essa celeste mensageira, lh'a negara Deus quando a quiz fazer a companheira de sua vida, e unir ao della o seu destino?

Ahi lembrou-se que já uma vez Deus a quizera ehamar ao céo, e só pela poderosa intercessão de Nossa Senhora da Gloria a deixara viver, mas para outro.

— Antes não houvesseis attendido ao meu rogo, Virgem Santissima ! balbuciou Ayres.

Nesse instante, Maria da Gloria de joelhos aos pés do sacerdote, voltou o rosto com subito movimento e fitou no cavalleiro estranho olhar, que a todos sorprehendeu.

Era o momento em que o padre dirigia a interrogação do ritual; e Ayres, prestes á ouvir o sim fatal, balbuciava ainda :

— Morta, ao menos ella não pertenceria á outro.

Um grito repercutiu pelo ambito da igreja. A

noiva cahira desmaiada aos pés do altar e parecia adormecida.

Prestaram-lhe todos os soccorros; mas embalde. Maria da Gloria rendera ao Creador sua alma pura, e subira ao céo sem trocar a sua palma de virgem pela grinalda de noiva.

O que tinha, cortado o estame da suave bonina? Fôra o amor infeliz que ella occultava no seio; ou a Virgem Santissima a rogo de Ayres?

São impenetraveis os divinos misterios, mas podia nunca a filha ser a esposa feliz daquelle que lhe roubara o pai, embora tudo fizesse junto depois para substituil-o?

As galas da boda se trocaram pela pompa funebre; e anoite, no corpo da igreja, ao lado da eça dourada via-se ajoelhado e immovel um homem que ali velou naquella posição, até o outro dia.

Era Ayres de Lucena.

## XVII

### O ERMITÃO

Dias depois do funesto acontecimento, a escuna *Maria da Gloria* estava fundeada no seio que forma a praia junto as abas do morro do Catete.

Era o mesmo lugar onde vinte annos antes, se fazia a festa do baptismo, no dia em que se dera o caso estranho do desapparecimento da imagem da Senhora da Gloria, padroeira da escuna.

Na praia estava um ermitão vestido de esclavina, seguindo com o olhar o batel que largara do navio e singrava para terra.

Abicando a praia saltou d'elle Antonio de Caminha, e foi direito ao ermitão a quem entregou a imagem de Nossa Senhora da Gloria.

Recebeu-a o ermitão de joelhos e erguendo-se disse para o mancebo:

— Ide com Deus, Antonio de Caminha e perdoai-me todo o mal que vos fiz. A escuna e quanto foi meu vos pertence: sêde feliz.

— E vós, senhor Ayres de Lucena ?

— Esse acabou; o que vêdes não é mais que um ermitão, e não carece de nome, pois nada mais quer e nem espera dos homens.

Abraçou Ayres ao mancebo, e affastou-se galgando a ingreme encosta do outeiro, com a imagem de Nossa Senhora da Gloria cingida ao seio.

Na tarde d'aquelle dia a escuna desfraldou as vellas e deixou o porto do Rio de Janeiro onde nunca mais se ouviu fallar d'ella; sendo crença geral que andava outra vez encantada pelo mar oceano, com seu capitão Ayres de Lucena e toda a maruja.

Poucos annos depois dos successos que ahi ficam relatados, começou a correr pela cidade nova de um ermitão que apparecera no outeiro do Catete, e fazia ali vida de solitario, habitando uma gruta no meio das brenhas, e fugindo por todos os modos á communicação com o mundo.

Contava-se que alta noite, rompia do seio da mata um murmurio soturno, como o do vento nos palmares; mas que applicando-se bem o ouvido se conhecia ser o canto do terço ou da ladainha. Esse facto, referiam-no sobretudo os pescadores, que ao sahirem ao mar, tinham muitas vezes, quando a brisa estava serena e de feição, ouvido aquella reza mysteriosa.

Um dia, dous moços caçadores galgando a ingreme encosta do outeiro, a custo chegaram ao cimo, onde descobriram a gruta, que servia de refugio ao ermitão. Este desapparecera mal os pressentiu: todavia poderam elles notar-lhe a nobre figura e aspecto veneravel.

Trajava uma esclavina de burel pardo que lhe deixava ver os braços e artelhos. A longa barba grisalha lhe descia até o peito, misturada aos cabellos cahidos sobre as espaduas e como ella hirtos, assanhados e cheios de maravalhas.

No momento em que o sorprehenderam os dous caçadores, estava o ermitão de joelhos, deante de um nicho que elle proprio cavara na rocha viva, e no qual via-se a imagem de Nossa Senhora da Gloria, allumiada por uma candeia de barro vermelho, grosseiramente fabricada.

Na gruta havia apenas uma bilha do mesmo barro, e uma panella na qual extrahia o ermitão o azeite da mamona, que macerava entre dous seixos. A cama era o chão duro, e servia-lhe de travesseiro um toro de páu.

Estes contos feitos pelos dous moços caçadores

excitaram ao ultimo ponto a curiosidade de toda
a gente de S. Sebastião e desde o dia seguinte
muitos se botaram para o outeiro movidos pelo
desejo de verificarem por si mesmo, com os pro-
prios olhos, a verdade do que se dizia.

Frustrou-se-lhes porem o intento. Não lhes foi
possivel atinar com o caminho da gruta ; e o que
mais admirava, até os dous caçadores que o
tinham achado na vespera, estavam de todo o
ponto desnorteados.

Ao cabo de grande porfia, descobriram que havia o caminho desapparecido pelo desmorona-
mento de uma grande rocha, a qual formava
uma como ponte suspensa sobre o despenhadeiro
da ingreme escarpa.

Acreditou o povo que só Nossa Senhora da Gloria podia ter operado aquelle milagre, pois não
havia homem capaz de tamanho esforço, no pequeno espaço de horas que decorrera depois da
primeira entrada dos caçadores.

Na opinião dos mestres beatos a Virgem Santissima queria significar por aquelle modo sua
vontade de ser adorada em segredo e longe das
vistas pelo ermitão ; o que era, acrescentavam,
um signal de graça mui particular, que só obti-
nham raros e afortunados devotos.

Desde então ninguem mais se animou a subir ao pincaro do outeiro, onde estava o nicho de Nossa Senhora da Gloria ; porem vinham muitos fieis até o lugar onde se fendera a rocha, para verem os signaes vivos do milagre.

Foi por esse tempo tambem que o povo começou a designar o outeiro do Catete, pela invocação de Nossa Senhora da Gloria; d'onde veio o nome que tem hoje esse bairro da cidade.

## XVIII

### O MENDIGO

Estava a findar o anno de 1659.

Ainda vivia Duarte de Moraes, então com sessenta e cinco annos; mas viuvo da boa Ursula que o deixara havia dez para ir esperal-o no céu.

Era por tarde, tarde calida, mas formosa, como são as do Rio de Janeiro durante o verão.

O velho estava sentado em um banco á porta de casa, tomando o fresco, e scismando nos tempos idos, quando se não distrahia em ver os meninos que folgavam pela rua.

Um mendigo, coberto de andrajos e arrimado a uma muleta, approximou-se e parando em frente ao velho esteve por muito tempo a olha-lo, e á casa, que aliás não merecia tamanha attenção.

Notou afinal o velho Duarte aquella insistencia, e remexendo no largo bolso da vestia lá sacou um real, com que acenou ao mendigo.

Este com um riso pungente, que lhe contrahiu as feições já decompostas, achegou-se para receber a esmola. Apertando convulso a mão do velho, beijou-a com expressão de humildade e respeito.

Não se demorou porém Arrancando-se a commoção e affastou-se rapido. Sentiu o velho Duarte ao recolher a mão que ella ficara humida do pranto do mendigo. Seus olhos cançados da velhice acompanharam o vulto coberto de andrajos; e já este havia desapparecido, que ainda elles estendiam pelo espaço a sua muda interrogação.

Quem havia no mundo ainda para derramar aquelle pranto de ternura ao encontral-o a elle, pobre peregrino da vida que chegava só ao termo da romagem?

— Antonio de Caminha! murmuraram os frouxos labios do velho.

Não se enganara Duarte de Moraes. Era de feito Antonio de Caminha, quem elle entrevira mais com o coração do que com a vista já turva, entre a barba esqualida e as rugas precoces do rosto macilento do mendigo.

Que desgraças tinham abatido o gentil cavalheiro nos annos decorridos?

Partido do porto do Rio de Janeiro, Antonio

de Caminha aproou para Lisboa, onde contava
gozar das riquezas, que lhe havia legado Ayres
de Lucena, quando morrera para o mundo.

Caminha era dessa tempera de homens, que não
possuindo em si bastante fortaleza de ani no para
resistir ao infortunio buscam atordoar-se.

O golpe que soffrera com a perda de Maria da
Gloria, o lançou na vida de prazeres e dissipações,
qual outrora a vivera Ayres de Lucena, si não era
ainda mais desregrada.

Chegado á Bahia, por onde fez escala, foi Antonio de Caminha arrastado pelo fausto que havia na
então capital do Estado do Brasil, e de que nos
deixou noticia o chronista Gabriel Soares.

A escuna, outrora consagrada a Virgem Purissima, transformou-se em uma taverna de brodios
e convivios. No tombadilho onde os rudes marinheiros ajoelhavam para invocar a protecção da
sua Gloriosa Padroeira, não se via agora sinão
a meza dos banquetes, nem se escutavam mais
que fallas de amor e bocejos de ebrios.

A dama em tenção de quem se davam esses
festins era uma cortezã da cidade do Salvador,
tão notavel pela formosura, como pelos escanda-
los com que affrontava a moral e a igreja.

Um dia, teve a peccadora a fantasia de trocar

o nome de *Maria da Gloria* que tinha a escuna, pelo de ᵗ *aria dos Prazeres* que ella troucera da pia, e tão proprio lhe sahira.

Com o espirito annuveado pelos vapores do vinho, não teve Antonio de Caminha força, nem vontade de resistir ao requebro d'olhos que lançou-lhe a dama.

Bruno, o velho Bruno, indignou-se quando soube disso, que para elle era uma profanação. A sua voz severa, os marujos sentiram-se abalados; mas o capitão affogou-lhes os escrupulos em novas libações. Essas almas rudes e viris, já o vicio as tinha enervado.

Naquella mesma tarde consumou-se a profanação A escuna recebeu o nome da cortezã : e o velho, da amurada onde assistira a ceremonia, arrojou-se ao mar, lançando ao navio esta praga :

— A Senhora da Gloria te castigue, e aquelles que te fizeram alcouce de barregans.

# XIX

## A PENITENCIA

Antes de findar a semana largou a escuna *Maria dos Prazeres* do porto do Salvador, com o dia sereno e mar de bonança, por uma formosa manhã de abril.

Tempo mais de feição para a partida não o podiam desejar os marujos; e todavia despediam-se elles tristes e soturnos da linda cidade do Salvador, e de suas formosas collinas.

Ao suspender do ferro partira-se a amarra, deixando a ancora no fundo, o que era máo agouro para a viagem. Mas Antonio de Caminha riu-se do terror de sua gente, e metteu o caso á bulha.

— Isto quer dizer que havemos de tornar breve á esta boa terra, pois cá nos fica a ancora do navio, e a de nós-outros.

Singrava a escuna dias depois com todo o panno

cutellos e varredouras. Estava o sol a pino;
os marujos dormitavam abrigados pela sombra
das vellas.

Á proa assomava dentre as ondas um rochedo, que servia de pouso a grande quantida-
de de alcatrazes ou corvos do mar, cujos pios
lugubres ululavam pelas solidões do oceano.

Era a ilha de Fernando de Noronha.

Ao passar fronteira a escuna, cahiu um pegão
de vento, que arrebatou o navio e o despedaçou
contra os rochedos, como si fôra uma concha da
praia

Antonio de Caminha que sesteava em seu cama-
rim, depois de muitas horas, ao dar accordo de
sia, achou-se estendido no meio de uma restinga
sem atinar em como fôra para ali transportado,
e o que era feito de seu navio.

Só ao alvorecer, quando o mar rejeitou os destroços da escuna e os corpos de seus companheiros, comprehendeu elle o que era passado.

Muitos annos viveu o mancebo ali, naquelle
rochedo deserto, nutrindo-se de mariscos e ovos
de alcatrazes, e habitando uma gruta, que usur-
para á esses companheiros de seu exilio.

As vezes branquejava uma vella no horizonte:
mas debalde fazia elle signaes, e lançava não gritos

já, mas rugidos de desespero. O navio singrava alem e perdia-se na immensidade dos mares.

Afinal o recolheu um bergantim que tornava ao reino. Eram passados annos, dos quaes perdera a conta. Ninguem já se lembrava delle.

Varias vezes, tentou Caminha a fortuna, que si de todas lhe sorriu, foi só para mais cruel tornar-lhe o mallogro das esperanças. Quando ia medrando, e a vida se embellecia aos raios da felicidade, vinha o sopro da fatalidade que de novo o abatia.

Mudava de profissão, mas não mudava de sorte. Afinal cançou na luta, resignaddo-se a viver da caridade publica, e a morrer quando esta o desamparasse.

Um pensamento porem o dominava, que o trazia constantemente a ribeira, onde supplicava á todos os maritimos que passavam, a esmola de leval-o ao Rio de Janeiro.

Achou emfim quem delle se commiserasse; e ao cabo de bem annos aportara á S. Sebastião. Chegara n'aquella hora e atravessava a cidade, quando viu o tio á porta da casa.

Deixando o velho Duarte, seguiu alem pelo Boqueirão da Carioca e foi até a abra que ficava nas faldas do outeiro do Catete, no mesmo ponto em que trinta annos antes se despedira de Ayres de Lucena.

Galgou a encosta pelo trilho que então vira tomar o corsario, e achou-se no tope do outeiro. Ahi o sorprehendeu um gemido que sahia da proxima gruta.

Penetrou o mendigo na caverna, e viu prostrado por terra o corpo immovel de um ermitão. Ao ruido de seus passos, soergueu este as palpebras, e seus olhos baços se illuminaram.

A custo levantou a mão apontando para a imagem de Nossa Senhora da Gloria, posta em seu nicho á entrada da gruta; e cerrou de novo os olhos.

Já não era deste mundo.

———

# EPILOGO

—

Antonio de Caminha acceitou o legado de Ayres de Lucena.

Vestiu a esclavina do finado ermitão, e tomou conta da gruta onde aquelle vivera tantos annos.

Viera aquelle sitio como em santa romaria para obter perdão do aggravo que fizera à imagem de Nossa Senhora da Gloria, e chegara justamente quando expirava o ermitão que a servia.

Resolveu pois consagrar o resto de sua vida a expiar nessa devoção a sua culpa; e todas os annos no dia da Assumpção, levantava uma capella volante, onde celebrava-se a gloria da Virgem Purissima.

Toda a gente de S. Sebastião e muita de fóra ia em romagem ao outeiro levar as suas promessas e esmolas, com as quaes pôde Antonio de Caminha construir em 1671 uma tosca ermida de taipa, no mesmo sitio onde está a igreja.

Com o andar dos tempos arruinou-se a ermida, sobretudo depois que entrado pelos annos, rendeu alma ao Creador o ermitão que a tinha edificado.

Antonio Caminha finou-se em cheiro de santidade; e foi a seu rogo sepultado junto do primeiro ermitão do outeiro, cujo segredo morreu com elle.

Mais tarde, já no seculo passado, quando a grande mata do Catete foi roteada c o povoado estendeu-se pelas aprazíveis encostas; houve ali uma chacara, cujo terreno abrangia o outeiro e suas cercanias.

Tendo-se formado uma irmandade para a veneração de Nossa Senhora da Gloria, que tantos milagres fazia, os donos da chacara do Catete cederam o outeiro para a edificação de uma igreja decente e seu patrimonio.

Foi então que se tratou de construir o templo que actualmente existe, ao qual se deu começo em 1714.

FIM DO ERMITÃO DA GLORIA

# III

# A ALMA DO LAZARO

# ADVERTENCIA

———

Este alfarrabio, não o devo ao meu velho chronista do Passeio Publico. É como se disse no prologo uma excavação dos tempos escholasticos.

Tem elle porem, si me não engano, o mesmo sabor de antiguidade que os outros, e ao folhea-lo estou que o leitor hade sentir o bafio de velhice, que respira das cousas por muito tempo guardadas.

Para alguns esse mofo litterario é desagradavel. Ha porem antiquarios que acham particular encanto nestas exudacções do passado que reçumam dos velhos monumentos e dos velhos livros.

Rio de Janeiro, Dezembro de 1872.

# A ALMA DO LAZARO

## PRIMEIRA PARTE
## A ALMA PENADA

### I

Triste irrisão é a gloria.

Quantos engenhos sublimes, creados para as arrojadas concepções, que ficam ahi tolhidos pelo estalão do viver banal, sinão sepultos em vida na indifferença, quando não é no despreso das turbas?

Tambem quanta ralé, feita para patinhar no pó, que se ala ás eminencias, insuflada pelos parvos, e se apavona com as galas da celebridade?

E dizer que homens de são juizo, labutam ou porfiam apoz esse fogo fatuo, e deslumbram-se a ponto de esquecerem afectos e bens, sacrificados em má hora á illusão fallaz.

Lá volvem os annos; e um dia vem á flor da terra o craneo que foi um poeta, ou um heróe. Quem se importa com o sobejo dos vermes? É um pouco de cal e nada mais. Não tarda que a pata do homem ou do bruto passando por ahi triture esse pó, a que animou outr'ora o sopro de Deus, *mens divinior*.

O author do *diario do lazaro* foi um de tantos engenhos, atados á grilheta da miseria. Poeta desconhecido, emquanto a sua alma inspirada se derramava em ancias e prantos, o bestunto de muito zote agaloado, la se estava enfunando com os applausos, furtados á virtude e saber.

Foi ha muito tempo.

Era eu estudante na academia de Olinda. Tinha então desenove annos: e sentia minhas quedas para a poesia, mas pela poesia plebea, em prosa estirada, que isso de verso é cousa com que não se conformava o meu espirito. Vão la medir o pensamento, rimar as paixões?

Muitas vezes succedia-me nas vigilias do estudo apanhar *o eu* em flagrante delicto de litteratura, á idear romances e fantasiar dramas, emquanto la o outro, o estudante de carne e osso tressuava as voltas com o *Corpus Juris Civilis*.

Qual é a alma que nas primeiras expansões da

vida, a dilatar-se pelos largos horisontes desta
terra do Brasil; á embeber-se nas ondas de luz
que immergem essa porção mimosa da creação; a
coar-se nas harmonias das brizas que passam
pelas florestas; não solta o vôo e se arroja ao céo,
embora o calor do sol lhe requeime as azas, pre-
cipitando-a n'um oceano, que é a duvida.

Era poeta; posso confessal-o agora que essa
velleidade passou de uma feita e ja agora não
voltará mais.

Tinha a febre da imaginação que delira, envol-
vendo-se como em uma chrisalida, no prisma de
suas illusões.

Olinda, a velha cidade em ruinas, abrigando
no seio a mocidade rica de seiva e de vida; o passado com todas as suas gloriosas recordações, e o
futuro com as suas brilhantes esperanças; essa
alliança misteriosa de dois mundos, de duas gerações, uma apenas em flor, a outra ja cinzas, sepa-
radas pelo tempo, e reunidas pelas vicissitudes da
existencia humana, me impressionava profunda-
mente.

A descuidosa jovialidade da vida do estudante, o riso franco, o dito chistoso, a magra ceia
que o prazer fazia lauta, o descante livre, tudo
isto que em outra scena seria tão natural, me pa-

recia uma profanação no meio desses muros alui-
dos, desses claustros ermos, sobre esse tumulo
de uma população extincta, á face dessa cidade
mumia.

Meu gosto era vagar á callada da noute por
aquellas ruas solitarias, quando cessava o arruido;
quando a palpitação e o resfolgar de emprestada
existencia ja não galvanisava o cadaver da nobre e
florescente villa de Duarte Coelho.

De ordinario ia sentar-me no adro d'esse convento do Carmo, esqueleto de pedra, cuja ossada
gigante o tempo ainda não tinha de todo arruinado. De um lado, sobre a quebrada que faz a
montanha, descortinava-se o mar limpido e calmo;
do outro erguia-se a massa informe da cidade re-
cortando o seu perfil no azul do céu.

O silencio que pesava sobre aquella solidão era
apenas interrompido pelo esvoaçar d'alguma ave
nocturna no ambito do claustro, pelo estalido das
fendas que se abriam nos muros, e pelo attrito das
escaras soltas das velhas paredes.

A's vezes a lua vinha dar á esta scena triste e
grave, traços fantasticos, e um toque de sua
doce e suave melancholia. Os raios da luz pallida
e alvacenta, esbatendo-se nas pedras do atrio, en-
fiando pelas largas frestas, e debuxando nos claros

sombras esguias creavam mil formas incertas e vacillantes.

Era por momentos como um vasto lençol que amortalhava as ruinas do antigo edificio; logo depois afiguravam-se vultos de carmelitas cobertos da alva estamenha, á percorrer o claustro solitario, e á murmurar as sagradas lithanias; alguma vez parecia-me ver passar deante de meus olhos uma d'essas lamias, de que a imaginação popular em outras eras povoou os templos abandonados.

Ahi as recordações historicas, dormidas sobre este solo, em cada pedra que tombára das antigas construcções, accordavam umas apoz outras no meu espirito; e me faziam reviver na memoria os dous seculos que tinham volvido sobre as diversas gerações de homens e de casas, de que apenas restavam alguns nomes e alguns muros.

O mar a perder-se no horisonte lembrava-me a flotilha de Duarte Coelho, o donatario de Pernambuco, aportando áquella costa em 1535, e trazendo a seu bordo a colonia que nesse mesmo anno fundou a villa de Olinda, com o auxilio dos chefes indios, Mirauby, Itagipe e Itabira, e das suas tribus selvagens.

Lembrava-me a grande armada hollandeza com-

mandada por Locnq, que surgiu a 14 de Feve-
vereiro de 1631 deante da cidade, e em alguns
dias assenhoreou-se d'ella com facil victoria, pelo
terror que se apoderou dos habitantes, apezar dos
esforços de Mathias de Albuquerque.

Lembrava-me os combates navaes das forças
hespanholas e portuguezas contra os hollandezes;
especialmente o de 12 de Setembro de 1631 em
que Pater, depois de sete horas de peleja, batido
por Oquendo, abandonado da tripulação em sua
náu preza das chammas, preferiu á salvação que
tinha por deshonra uma morte gloriosa; e envol-
vendo-se na bandeira nacional sepultou-se no
Oceano, *unico tumulo digno de um almirante
batavo*.

O isthmo, os fortes do Mar e de S. Jorge, o antigo collegio dos Jesuitas e o convento de S. Francisco, recordavam a resistencia heroica dos poucos
que não abandonaram o seu general na defeza da
colonia, mas que afinal foram obrigados a ceder
ao numero.

Os edificios em ruina ainda tinham gravados
nos seus muros os vestigios do incendio que em
1631 os hollandezes lançaram á cidade, quando
reconheceram a impossibilidade de conserval-a e

a necessidade de concentrar-se no povoado do Recife.

Alem, a varzea que se estendia pela margem direita do Beberibe, semeada de quintas e de jardins, apresentava ainda o sitio desse *Arraial do Bom Jesus*, centro da resistencia heroica, com que durante o espaço de cinco annos, os Pernambucanos fizeram esquecer por feitos e acções gloriosas, dignas da idade homerica, um momento de fraqueza e temor na rendicção da colonia.

Em fim, aquella solidão e silencio testemunhavam a decadencia de Olinda, que a fundação da cidade *Mauricia* mais do que o incendio, apressára ; sobre tudo depois que a guerra civil dos *Mascates*, roubou lhe para dar á sua rival, a primazia como capital de Pernambuco.

E quando todas essas recordações tinham voado e revoado por meu espirito, interrogava os muros do convento, e os comoros de pedras, como para arrancar-lhes o segredo de algum facto interessante de que se perdera a tradicção, ou a palavra de algum drama desconhecido, que o coração naturalmente representára a par com acontecimentos politicos.

A guerra, o incendio, a luta das raças, as revoluções, não passaram por ahi sem o cortejo infallivel das paixões humanas. Os feitos de armas, as acções de heroismo, o morticinio, o crime e a virtude em suas energicas manifestações, deviam prender-se necessariamente por um fio misterioso á alguma historia de amor, ou a algum episodio de vingança.

Era justamente essa chronica do coração, esquecida pelos annalistas do tempo, que eu pedia áquellas ruinas.

Quantas vezes não sondei esses destroços de alvenaria, essas paredes nuas, procurando, nem sei o que, uma memoria, um nome, uma inscripção, uma phrase que me revellasse algum misterio, que me dissesse o epilogo de alguma lenda que a imaginação completaria!

Mas o velho convento ficava mudo e impassivel : os muros, lavados pela chuva e pelo vento, estavam descarnados : as pedras já não conservavam os vestigios da mão do homem ; e a eloquencia do silencio que plainava sobre o templo, dizia apenas a ruina.

Cançado, extenuado de corpo e espirito, partia-me depois de duas ou tres horas de meditação e de investigações inuteis, trazendo ainda para a insomnia as impressões varias, as reflexões profundas que despertára essa evocação do passado.

No dia seguinte voltava; não me podia resignar á idéa de que esse claustro não guardasse para mim alguma revellação poetica; tinha um presentimento, que mais tarde devia realisar-se, de um modo inesperado.

Eis como.

———

## II

Uma noite, seriam onze horas passadas, estava eu sentado no adro do convento. Fazia luar; porem o céo nublava-se; o ar era pesado, o mar sem ondulações arquejava como oppresso; a chamma phosphorescente do relampago illuminava a fimbria das nuvens escuras. Uma grande tempestade estava eminente.

Emquanto a natureza preparava e dispunha a scena em que os elementos iam representar, estive embebido á contemplar os progressos da borrasca; mas quando a primeira gota, humedecendo as lages, annunciou-me a chuva, immediatamente e como por encanto acalmou-se a sede ardente de poesia e misterio que me devorava.

Ergui-me, com animo de ganhar a casa sem demora.

Mas os joelhos dobraram-se, e um frio de gelo

correm-me pelo corpo, arrufando a pelle e irri-
çando-me os cabellos ; foi-me preciso grande
esforço para dominar-me, e vencer o susto pueril
que me tomara de sorpresa.

Tinha ouvido uma voz tremula que resava can-
tando á surdina uma ladainha de Igreja ; e pareceu-me que afinal chegara a occasião de ver sur-
gir diante de mim um esses fantasmas que nas
minhas extravagantes elocubrações, eu tantas
vezes evocára.

Revesti-me de coragem ; voltei-me para o interior do convento, e adiantei-me alguns passos
na direcção da voz que murmurava sempre as
suas resas de cantochão.

De repente, n'uma pavêa de luz que enfiava
por larga brecha do tecto prestes a desmoronar-
se, destacou um vulto de alta estatura, envolto
n'uma tunica preta e roçagante, sobre a qual a
longa barba branca brilhava com os reflexos da
lua. Avançava lentamente, apoiando-se sobre um
baculo que trazia na mão esquerda.

Julguei... Nem sei o que julguei, de tantas e
tão encontradas que foram as idéas que me as-
saltaram então. Entre outras pareceu-me ver o
fantasma de um dos antigos Priores do Carmo,

acabando de officiar em pontifical, e tornando á sua cella.

Recuei instinctivamente; e com esse movimento projectando-me no claro de uma janella fui percebido do vulto, que por sua vez tambem estacou, soltando uma exclamação de espanto ou de sorpreza.

Decorreu um instante em que ambos, com os olhos fitos, nos examinamos reciprocamente; o que se passava no seu espirito não o podia advinhar; o que se passou no meu, qualquer, ainda o mais destemido, pode bem suppor. A final o vulto endireitou para mim, e veio aproximando-se; cosi-me com a parede, e esperei-o.

Quando elle chegou a dois passos conheci o meu engano, e estive para soltar uma gargalhada, escarnecendo de mim mesmo. O meu fantasma era apenas um velho pescador; a tunica preta e roçagante uma rede de malhas; e o baculo de prior não passava de um remo de canôa.

— Bemdito e louvado seja o Senhor! foi a saudação que me dirigiu.

— Deos lhe de boa noite; respondi eu já de animo sereno.

— Para o servir, e a vos'senhoria no que mandar deste seu servo.

— Obrigado, meu velho.

Essa cortezia antiga, inspirada na religião, e a voz grave e arrastada do velho, junta a expressão doce de seu rosto, me excitaram viva simpathia.

— Vai hoje muito tarde para a pesca? disse-lhe eu reatando o fio ao dialogo.

— Quem sabe quando irei? A tempestade não tarda comnosco. Cuidei que adiantava sahindo mais cedo, e a final de contas atrasei.

— Mora longe d'aqui?

— Lá em baixo ! respondeu apontando para a praia que se prolonga ao norte.

Os relampagos fuzilavam á miudo; e a chuva começava a bater no telhado.

— Então tenha vos'senhoria boa noite; vou ver se me arranjo para passar o aguaceiro, que promette durar.

— Ah! veio abrigar-se aqui ? E não tem medo deste tecto esburacado e destas paredes raxadas ?

— Será o que Deos for servido. Não é a primeira vez que me tem succedido ficar aqui boa parte da noite, e até hoje nenhum mal disto me veio.

— Ora diga-me uma cousa ?...

— O que é, meu senhor ?

— Porque cantava baixinho uma... ladainha, si não me engano.

O velho sorriu com brandura.

— Era o terço. Minha mãi me recommendou que cantasse sempre que houvesse tempestade : e isto me ficou desde menino.

Estava tudo explicado. A minha visão fantastica tinha-se desvanecido, deixando a realidade do encontro simples e natural com um pescador que fôra ao convento abrigar-se da chuva.

Pensei em recolher-me.

— Sabe porque lhe fiz esta pergunta ?

— Vos'senhoria me dirá : respondeu o velho.

— Pois confesso-lhe que me causou um grande susto. Quando ouvi a sua cantiga, e o vi de longe no meio destas ruinas, tão fóra de horas, cuidei que era. . Acredite !... Uma alma do outro mundo.

— Ainda sou deste, graças a Deos: disse o pescador sorrindo : bem que por pouco tempo.

— Ha de sel-o por muitos annos.

O velho abanou a cabeça.

— Os oitenta ja lá vão. Mas deixe dizer-lhe... Tambem a mim, quando o enxerguei, no que a vista me ajuda, succedeu-me quasi a mesma cousa.

— Tambem causei-lhe susto?

— Susto, não; nesta idade a gente já não se teme, sinão daquelle que está no céo para nos julgar á todos : porem assim um espanto, como si visse uma pessoa que não se espera mais ver, aqui embaixo.

— Já fallecida?

— Senhor, sim.

— Quem?

— Oh! o senhor ainda não era nascido, quando isto foi.

— Ha muitos annos então?

— Se eu já lhes perdi a conta!

— Conte-me isso.

— São cousas velhas que já não lembram a ninguem. Levariam muito tempo.

— Não faz mal.

— Melhor é que vos'senhoria se guarde da chuva que ahi está de pancada, eu vou fazer outro tanto.

Si eu mesmo perdia uma historia do seculo passado, uma anedocta de cabellos brancos, uma antigualha qualquer, depois de ter a procurado inutilmente durante mais de cinco mezes.

— Por mim, não tenha cuidado; respondi :
trate de accomodar-se, e si não tiver somno,
conversaremos.

— Somno de velho é o descanço do corpo.
Venha vos'senhoria já que assim o quer.

Chegamo-nos a um dos angulos do velho convento, onde algumas paredes interiores forma-
vam outr'ora uma sacristia : o pavimento do
primeiro andar não tinha ainda desabado nesse
lugar.

O velho enrolou a rede de que fez uma especie
de almofada; tirou fogo do fusil e accendeu o
caximbo, emquanto eu sentado sobre um troço
de parede, e devorado pela curiosidade, preparava o meu cigarro.

# III

Começou o velho :

— Fazem, si quer que lhe diga, não sei quantos annos. Era eu tamaninho como esta minha pá de remo.

« O pai vivia da pesca, como o avô ; porque isto de pescador parece que é officio de familia, que vai passando de filho a neto. Quazi todas as noites elle me levava comsigo quando ia ao mar ; e pequeno como era sabia arrumar a canóa e botal-a ao largo.

« Já então costumava o pai na volta da pescaria descançar aqui. Punha a canóa em seco ; deixava passar o resto da noite, e lá pela madrugada iamos vender o peixe ao Recife, porque em Olinda, afóra a cleresia, tudo o mais era miuçalha.

« Havia ali assim no fundo do convento, bem na praia, uma casa velha, tão velha que estava cahe, não cahe. Tambem os donos, ninguem mais sabia d'elles. Nem viva alma ali morava.

« Uma noite, lá do largo, a gente viu uma luz acceza na janella da banda do mar. Eram que horas! Não tardava um instantinho que amanhecesse.

« — Estás vendo, Tonico? »

A voz do pescador tornou se tremula ; e á tenue claridade da lua encoberta vi-o que enxugava com a mão rude e callosa, uma lagrima de saudade.

— Meu nome de bautismo é Antonio . Porem o pai e a mãi chamavam a gente *Tonico*.

Essa emoção de um velho de oitenta annos, recordando-se do appellido familiar da meninice; essa memoria poderosa do coração que atravez de uma longa existencia cheia de vicissitudes e trabalhos reflectia com todo o colorido, os quadros singelos da infancia, tocou-me.

Achei sublime isto, que outros acharão ridiculo talvez.

O velho continuou, passada aquella primeira emoção :

« Eu nem respondi ao pai. Estava tremendo.

« — Quem andará ali?... A que tempos a casa velha está abandonada !... Não seja...

« O pai fez o pelo signal. Eu resava baixinho uma *Ave Maria*.

« — Nossa senhora de Nazareth nos deffenda. Rema, rapaz, que o vento escasseou, e a vella está bamba !

« A luz de vez em quando apagava-se como pharol que naquelle tempo inda nem sonhava...

« Quando a gente chegou em terra conheceu que a luz sahia mesmo da janella da casa ; e que o motivo de summir-se e apparecer era uma figura preta que passava e tornava a passar por diante, como um homem que ia e vinha.

« Mas havia um poder de annos, a casa não tinha morador, nem creatura de Deos ali entrava.

« Na outra noite, na outra e na outra, sempre a mesma cousa, tanto que o pai não se poude mais ter, e foi ao sr. Bispo e lhe contou tudo. O santo homem socegou a gente : disse que era um pobre moço doente que veio morar na casa velha; porque todos fugiam delle, com medo da doença,

— Que doença ? perguntei eu.

— O moço era como o que foi resussitado pelo Christo !

« — Lazaro ?...

« — Senhor, sim. Agora quantos andam por ahi como elle? Mas naquelle tempo não era assim; a gente pensava que aquillo era uma praga.

« Meu pai tambem cuidava, mas tinha bom coração; e ficou mais descançado sabendo quem era o morador da casa velha, do que antes quando pensava que ali andava cousa de bruxa.

« Uma vez... já se tinham passado quantos dias depois da luz apparecida. Era pela madrugada, nós estavamos a tirar a canôa para terra. Eis senão quando vimos o moço em pé no adro do convento, como inda agora vi o senhor. E isto me fez alembrar !...

« Esteve um pedaço bom; depois veio caminhando mansinho para cá.

« O pai quiz fugir. Elle que deu pela cousa, parou, mais que depressa, e foi dizendo:

« Não tenha medo .. Não fuja que eu volto.

« Disse estas fallas, assim com uma voz tão doce e tão penada que o pai teve dó delle, e ficou com vergonha:

« — Não fujo, não. Precisa de alguma cousa. Diga !...

« — Não preciso de nada !... Sahi por que este

vento me faz bem!... Estou queimando! Não o tinha visto, sinão... Sei que não devo chegar-me para os outros.

« — A molestia é para a gente ter medo ; mas tambem fallar só de longe, não faz mal : disse o pai.

« — Oh! Ha quanto tempo que não troco uma palavra com um ser humano!

« — E está lhe doendo muito!

« — Horrivelmente !... Porem o que dóe no corpo é o menos!

« Elle se assentou e nós continuamos a enxugar a canôa, sempre de olho nelle.

« — E' para vender o seu peixe?...

« — E', senhor, sim.

« Foi elle, e disse então como um pobre que pede esmola :

« — Si eu quizesse comprar um ?...

O pai ficou arripiado.

« — Não sei!... dizem que a gente não deve tocar.

« — Escute !... Deite o peixe ahi, na pedra e fuja com o pequeno. E'u vou buscal-o e deixo o dinheiro. Deste modo...

« — Não precisa! Ahi tem o peixe. Quanto ao dinheiro hade carecer.

« Meu dito, meu feito. O moço foi, e deixou na pedra uma moeda de tostão. O pai, quem viu ! Nem lhe quiz tocar. Mas menino bem se importa com doença. Tirante das almas d'outro mundo, não tinha medo de nada.

« Alembrou-me que a mãi precisava de uma vella de cera benta. A della de tanto acender, quando nós andavamos no mar e ventava rijo, já estava n'um toco. Mal que o pai começou de passar pelo somno, fui eu devagarinho, e zás ! Apanhei o dinheiro : lavei bem lavado; e escondi no seio para que ninguem visse.

« No outro dia comprei a vella para a mãi. Foi preciso pregar uma mentira. Primeira e derradeira. Era para não assustar a gente em casa. Deos deve me ter perdoado pelo motivo que foi. »

O velho fez uma pausa.

— Chove a valer !... Mau tempo de garoupas !...

— Talvez estie ao amanhecer.

— Si o vento rondar... Mas naquella noite, que eu dizia, quando o moço sahiu, já o pai estava dormindo. Vou eu, dou-lhe o peixe como da vesp'ra, e elle deixou o dinheiro na pedra. A gente

n'aquella idade gosta de saber tudo. Eu quiz ver
o que elle estava fazendo accordado até tão tarde ; e puz-me a espiar pela fresta da porta. Jesus ! O corpo me tremia que nem linha d'anzol,
quando o peixe fisga !

« Elle... O moço, estava assando o peixe. Depois comeu sem farinha, sem nada. Bebeu
agua, só. Vai por fim, lava as mãos e começa de
escrever n'um livro que estava na caixinha...

— Que caixinha?... perguntei, interrompendo
o velho.

— A caixinha de folha ! retrucou sorprezo
da pergunta.

Já sei...

— Ora ! onde estava eu com a cabeça. Cuidava que já tinha dito... Mas não! Era uma
caixa, assim por este tamanho. Tambem elle não
tinha mais trastes sinão aquelle.

« Tive tanto dó... Apanhei o dinheiro, lavei
como na outra noite, mas foi para comprar farinha. Trouxe ás escondidas do pai, que ralhava-me
si soubesse.

« Não sei como foi. Mas no cabo d'uma semana
eu estava tão amigo delle, que levavamos a
conversar toda a noite d'enfiada. E assim perto
um do outro. Tudo que precisava, era eu que

comprava. A elle não vendiam: tinham medo do dinheiro. E o coitado, antes queria vela para estar escrevendo, que o bocado para comer.

« Como são as cousas... Já entrava pela casa dentro, sem pinga de medo. Queria-lhe bem á elle: tambem elle me queria. Um dia perguntei como se chamava.

« Sabe que respondeu?

«— Não tenho nome!... Todos me chamam leproso.

«— Mas seu nome de bautismo?

«— Era Francisco.

« Outra vez, por meus peccados, disse:

— Porque passa todo o santo dia e mais a noite a escrever? Isto faz mal.

« Que olhos que me deitou! Ainda me alembro.

— Estes livros são a minh'alma. O que tu vês em mim, Tonico, são os ossos que a lepra vae roendo.

« Cruzes! Tive um medo... Das fallas e dos olhos com que me olhou.

« E foi guardando os livros e desatou n'um pranto, n'um pranto... Que parecia um menino a chorar.

« Por esse tempo a gente de Olinda já andava alvoroçada com a estada do moço na casa velha.

Diziam, que falso testemunho, que elle andava empestando a cidade. O reboliço foi crescendo, e um bando sahiu a gritar pelas ruas, e foi e requereu ao juiz do povo que pozesse o leproso para fóra, sinão haviam de mandar procurador a El-rei.

Dois dias, com tanto mar e vento que fez, o pai não sahiu.

Fiquei banzando com a idéa que o pobre moço não tinha quem lhe comprasse a comida. De noite me veio um sonho, e me acordei soluçando.

«— Que tens, Tonico?... De que choras?... perguntou minha mãe.

«— Elle não tem que comer!...

« Isto me sahiu sem querer, quando ainda estava tonto do somno.

«— Elle quem?...

« Vi que era sonho e callei a boca; porém não preguei mais olho.

« Logo na outra noite, emquanto o pai descançava, corri ao quarto do moço; a porta estava cerrada; mas havia luz dentro.

« Elle estava sentado junto da mesa com a testa encostada na caixa onde guardava os livros. A vela ia se acabando. Pensei que estava chorando

como ás vezes costumava ; e levantei a cabeça
delle com pena.

« Santo nome de Jesus! Soltei um grito ! Estava
morto ! E tinha morrido de fome.

« Quando foram á casa velha para deital-o
fóra só acharam o corpo que enterraram na praia.
A gente da cidade ficou descançada.

« Mas eu, quem via que podia dormir ! Era
um sonho atraz do outro. Aqui então ! mesmo
acordado, estava vendo a cada passo aquelle
vulto de preto com seu rosto triste. Elle que me
apparecia tão a miudo, tinha cousa que me
pedir.

« O que era?... Puz-me a parafusar!... Vai senão
quando me alembrou aquelle dito dos livros :

« *São a minh'alma.* »

« E não era outra cousa ! O corpo que sahia
da terra, é que a alma andava penando por este
mundo ! Queria que enterrasse a caixa para seu
repouso e descanço delle.

« Porém eu entrar mais na casa ! Quem viu !

« Só de me alembrar, os cabellos espetavam, e
corria-me pelas costas um suor tão frio.

« Foi Deus que, as paredes de fóra cahiram ; e
então um domingo, depois da missa, com os
outros rapazes que andavam brincando na praia ;

fomos e puxamos a caixa; com uma vara cavou-se um buraco e enterrou-se.

— Aonde? perguntei eu com anciedade.

«— Por fóra dessa parede em que o senhor está encostado. Meu pai tinha-se deitado mais longe; e eu depois daquella noite não me animava a sahir de perto delle.

« Quando acabei de enterrar a caixa, pareceu que me tiravam um peso do coração. Elle ainda me appareceu uma vez. Foi para agradecer... Depois não voltou.

« Deus tenha sua alma. »

# IV

O velho tinha acabado a sua historia, que eu ouvira com uma attenção riligiosa.

— Por isso é que sitanto me alembrei delle!... Foi ali mesmo, assim todo vestido de preto, que me appareceu pela primeira vez.

Não escutava mais o pescador; estava cheio da idéa de possuir os manuscriptos que me faziam palpitar, como si fossem um thesouro. E eram realmente um thesouro para mim.

— Diga-me!... E' capaz de acertar com o logar em que enterrou a caixa.

— Com os olhos fechados!... Os annos que foram, já apagaram muita cousa, mas aquelles tempos de menino, parece que estão voltando!

— Pois venha mostrar-me.

O velho ergueu-se. Sahimos do convento e beiramos a parede que olha o mar. Depois de alguns passos, elle parou.

— Porque é que o senhor quer saber?

Hesitei; advinhava o escrupulo do velho.

— Por simples curiosidade.

— E' aqui! disse elle abaixando a mão.

— Está certo?...

— Estou vendo!

E o pescador ajoelhou-se e fez uma oração. Comprehendi que elle respeitava aquella cova como si fosse realmente uma sepultura.

Não perturbei o seu recolhimento: e esperei que terminasse.

— Empreste-me o seu remo?

— Para que? perguntou-me estremecendo.

— Para desenterrar a caixa.

— Isso nunca!

— Porque?... Pensa que esses livros são realmente a sua alma?

— Elle disse.

— Mas Deos não quer que a alma fique na terra como o corpo; ella deve voltar ao céo. E' o que desejo fazer.

O velho abanou a cabeça.

— Ouça!... Se a alma desse moço está nos livros, para que ella volte ao céo é preciso que entre em outras almas vivas. Aquillo que elle escreveu deve ser lido...

Foi-me preciso acceitar a crença do velho que era muito profunda, para ser abalada.

Procurei tirar d'ella argumentos que o convencessem de que não entrava nas minhas intenções commeter um sacrilegio.

O pescador reflectiu.

—Mas si isso é verdade, por que razão elle me pediu que enterrasse a caixa?...

Tive uma inspiração.

—Quando elle morreu, — respondi — ninguem se animaria a tocar no que lhe pertencia, com receio da molestia. Os livros ficariam perdidos... Por isso pediu-lhe que os enterrasse. Mais tarde devia alguem achar...

—Hade ser isto!

Cavamos tres palmos; creio que si abrisse o tumulo de um ente que me fosse caro, não sentiria as emoções porque passei n'aquelle momento. O pescador, na ingenuidade de sua crença tinha razão; era a alma de um homem, talvez de um poeta, que estava ali sepultada.

A chuva, que cahira a cantaros amollecera o terreno, e facilitara o trabalho: depois de um quarto de hora de escavação, o pescador tirou do chão uma caixa de folha, que teria dois palmos

de comprimento sobre um e meio de largo, e já
inteiramente oxidada.

Despedi-me do velho, a quem fiz acceitar
a muito custo a pequena esportula que comporta-
vam as magras economias do estudante: e carre-
gado com o meu thesouro recolhi-me.

Ao despedir-me, o meo companheiro pediu-me
um favor.

—Quando o senhor abrir a caixa, si podesse
ser...

—Falle ! Não tenha receio.

—Eu queria saber o que elle escreveu... Talvez
não entenda !

—Fique descançado.

Ensinei-lhe a minha casa ; onde elle foi muitas
vezes, e onde passou horas e horas á escutar a lei-
tura que eu lhe fazia de alguns trechos dos livros.

Chegando a casa, não dormi ; eram quatro horas
da madrugada, e não tinha somno. Abri, ou antes
arrombei a caixa, e achei dentro tres volumes
*in-folio*, cobertos de pergaminho, uma pequena
mecha de cabellos grisalhos, uma flor seca que
desfez-se em pó quando a toquei, e uma bolsa com
algumas moedas de cobre.

Dos volumes *in-folio*, dois escritos de prin-
cipio a fim com uma lettra grossa e tremula, con-

tinham alguns episodios da guerra hollandeza, e da chronica dos tempos coloniaes; o seo author lhes dera o titulo singelo de—*Historias que me contou minha mãi.*»

O terceiro volume era um diario, escripto com pequenas interrupções; não tinha titulo: nem fora concluido.

Estavam todos em tal estado que me foi preciso copia-los á pressa; e assim mesmo em muitos lugares as lettras com a humidade tinhão se apagado de modo, que só pelo sentido pude advinhar as palavras.

São estes livros que hoje começo a dar á estampa.

Talvez á alguem cause reparo porque vinte e tantos annos deccorreram só agora me resolvi á publical-os?

A razão é simples.

Quando pela primeira vez li o diario do lazaro, convenci-me que o estylo embora simples e terso carecia de ser retocado ao gosto da epocha; e dei-me á esse trabalho. Apenas vesti de novo a primeira parte, me arrependi; quiz-me parecer que era uma profanação tirar ao pensamento do escriptor a sua frase rude ás vezes, mas sempre expressiva : rasguei o que tinha escripto para escrever de novo.

Demais achava a primeira parte do livro tão triste a cortar-me o coração que receiava publical-a. Ao mesmo tempo que não me soffria a consciencia, deixar ignorada a memoria do escriptor, cujas obras queria dar á estampa; pois essa parte de que fallo é o diario.

Foi então que a ambicção me veio tomar no melhor dos sonhos da mocidade e conduziu-me ao travez de uma vida sempre agitada á quadra dos desenganos, na qual me deixou isolado, mas tranquillo.

Voltei então para os meos estudos litterarios, com immenso prazer os meos esboços de obras mal alinhavadas, os meos versos truncados, e revi a minha juventude naquellas reliquias das primeiras inspirações.

Entre esses papeis velhos deparei com a copia ou versão do antigo manuscripto. Lembrei-me do que promettera ao velho; e senti como um remorso de haver por tanto tempo conservado no esquecimento a *alma* desse ignoto poeta do seculo passado.

Este livro é pois um voto.

# A ALMA DO LAZARO

## SEGUNDA PARTE

## O DIARIO

—

## 1752

---

### 7 DE MARÇO

Estou só no mundo.

Minha mãi morreu... Pobre mãi !... Antes assim!
Devias soffrer muito á ver teu filho asco e horror
da gente... Mas porque me deixaste neste valle de
lagrimas ?

Minha alma morreu comtigo. Vivem as ulceras
que devoram estes restos de corpo, sobejo da enfermidade terrivel! Sem ti que me consolavas,
que soffrias comigo da minha angustia, que vai
ser de mim neste exilio ?...

Resta-me uma irmã.

Foi... Agora tem outra familia. Ella me quer,
bem sei, e com amor. Mas sou um estranho para

os seus. Metto-lhe medo. Não por ella... Por seus filhos. E tem rasão.

Tu só, mãi, não tinhas nojo de meu halito de peste ! Tu só não te arreceiavas do fogo que me abraza o sangue ! Tu só não me abandonaste em quanto o senhor não te chamou !

Devia chamar-nos á ambos.

A quem direi agora a minha dor, si tu não estás aqui para ouvil-a ? Ao vento para leval-a á gente que me escarnece?... Sim, ao vento ! Fossem peçonha minhas palavras, que eu as cuspiria sobre elles sem dó, como dó não tiveram do misero de mim.

Perdoai-me, Senhor !... Menti ! Elles não me fizeram nenhum mal. Que culpa tem do castigo que pesa sobre o infeliz?...

Quando estavas ao meu lado, mãi, eras alivio ao meu padecimento. Meu gemido ia ao teu coração; e por não te ver soffrer, eu soffria menos.

## 8 DE MARÇO

Vi-te pela ultima vez.

A terra abriu-se para roubar-te aos meus braços. Se não me tivessem arrancado !... Eu dormi-
ria em teu seio o ultimo somno, como dormi o
primeiro, feliz e tranquillo.

Este annel de cabellos é tudo que me resta de
ti. Mas tu vives em minha alma.

Eu te sinto em mim. Fallo-te ; me respondes.

———————

## 9 DE MARÇO

Que profunda é a solidão desta casa depois que
tu não a habitas comigo !

Parece-me um tumulo.

Na sepultura em que descanças na igreja de
S. Pedro Gonçalves, não sentes nem o peso da
terra, nem o prurido dos vermes. Tua alma
branca e pura, gosa no seio do Creador.

Na minha sepultura, eu me sinto asphixiar pelo silencio, que me é mortalha. Quando alguma vez o borborinho do mundo penetra aqui, é para despertar a modorra da agonia.

A noite desce, como a lousa fria e negra. Ah! si como ella me trouxesse o repouso!... Mas é só morte ao coração, á fé, á crença. A dor vive em meu cadaver.

Quando tu aqui estavas, vinham ainda ver-te algumas velhas amigas de infancia. Tão santa cousa é a affeição!... Vencia o receio e a repugnancia que eu lhes inspirava.

Agora, ninguem virá. Luiza não póde, nem deve. E' minha irmã; mas é mãi. Não o fora, que eu lhe pediria para não vir. Soffreria mais da compaixão della, que não soffro do meu supplicio.

Amigos, nunca os tive. Parentes já não os tenho. Depois que morri, não me conhecem... Sim! conhecem-me, quando me fogem.

Maria, a nossa escrava, é o unico ser humano, com quem fallo. Ao menos tem a forma... Deve existir uma alma ali dentro.

10 DE MARÇO

Depois que me deixaste, mãi, sinto um consolo immenso, em escrever  E' como si te fallasse.

C mecei hoje a tirar sobre o papel, do coração onde as tenho intactas, aquellas bonitas historias, que aprendeste de meu avô. Foram-me balsamo, ouvidas de teus labios nas horas da vigilia ; porque o espirito ia-se nellas, e o fogo queimava só uma carne insensivel. São-me conforto agora contra o desanimo que me invade. Escrevendo-as, estou comtigo. A ternura que derramaste nellas é um santo oleo. Vasa-me do seio, onde o verteste e unge-me. Tuas palavras, escuto-as ainda. Deu-lhes tua alma uma voz, para que murmurem assim ao meu ouvido ?

A recordar o que me contaste, vivo nesse tempo bom de fé e heroismo. Não me admiram feitos grandes que houve então. O espirito respirava na estima do povo, como se respira o ar na athmosphera, um resaibo de nobreza. Era mãi a patria, que deffendiam filhos dedicados. Foi depois que a fizeram senhora, mal servida por famulos interesseiros.

Mal de mim que não nasci naquelle tempo!... Não me negariam o direito de morrer combatendo pela independencia da minha terra. O soldado que a todo o instante via a morte, não se temeria do contacto de um pobre enfermo.... A bala do arcabuz, ou o golpe da lança, é mais terrivel do que a lepra.

Nesta era o soldado fez-se aventureiro. Joga a vida pelo lucro. Si me offerecesse por companheiro seu, me haviam de repellir. O mais bravo fugiria de mim ! Que horrivel anathema trago impresso na fronte !...

---

## 11 DE MARÇO

Luiza veio ver-me. Tarde, bem tarde da noite, para evitar suspeitas.

Parece que o mundo reputa crime consolar uma irmã á seu irmão afflicto ! Mas o irmão é um leproso !... Seu marido lhe perdoaria talvez si ella voltasse com o labio manchado pelo beijo adultero. Nunca, si esse labio tivesse bafejado a face ardente do misero enfermo.

Deliro !...

Esta visita fez-me mal. Sou injusto. Luiza me ama; não teme o contagios, ou si o teme, seu amor por mim e mais forte. Quiz abraçar-me !... Fui eu que a repelli ! .. a ella o unico ente que não me foge !

Amo-a eu mais do que a ti, mãi, para ter essa coragem ?...

Não ! E' que tu me pertencias, como eu á ti. E' que nos tinhamos dado um ao outro, natural- mente, sem esforço, sem sacrificio. E' que eu vivia nos teus braços, como tinha vivido nas tuas en- tranhas, ligado pelo mesmo elo o teu amor

Luiza veio para communicar-me a sua resolu- ção, della e de seu marido. Não quer a parte que lhe cabe da nossa pequena herança; deixa-me tudo, porque necessito mais, e não posso traba- lhar.

Recusei e não lhe agradeci.

Como rala essa compaixão ! Tem-me por um ho- mem inutil, incapaz de ganhar o sustento para o corpo. Por fim ella pensa bem. Quem acceitará a obra tocada por minhas mãos, e impregnada do meu suor ?

## 12 DE MARÇO

Passei toda a manhã a ensinar á Maria as orações que aprendi em teu collo.

Não as comprehende, nem sabe repetil-as comigo ! Que somno profundo dorme essa alma ! Nada a perturba. O corpo ali move-se pelo instincto, ou talvez pelo habito...

Comtudo é uma creatura humana. Ouve... E eu sinto um prazer inconcebivel em fallar á alguem !...

---

## 16 DE MARÇO

Esses dias tenho levado a escrever o meu livro.

Dei-lhe um titulo bem mesquinho para os outros que não lhe sabem, a significação ; mas bem gentil, e sobretudo:         verdadeiro para mim.

Chamei-o: *Livro das historias que me contou minha mãi.*

Tenho dellas acabada a primeira. E' a historia de D. Maria de Souza. Tambem ella foi mãi e soffreu por seus filhos; tambem ella foi grande pelo heroismo, e forte pela constancia.

Mas como tu que vinte annos acompanhaste a tortura incessante daquelle que geraste para tua pena, sem nunca soltar uma queixa; como tu, não quero que tenha existido ou possa existir outra mãi.

Pesa-me que não estejas aqui ouvindo-me para ler-te o meu livro! Acho-o melhor do que nunca esperei de mim. Acho-o bonito. Tem alguma cousa daquella singelesa dos teus contos.

Mas que estou eu dizendo?... Tu me ouves! Tu leste no meu espirito, muito antes que as palavras se formassem, e que a penna as lançasse no papel!

———

## 17 DE MARÇO

Estive a reflectir n'um projecto. E' talvez uma loucura. E o que são todos os projectos do

11

homem, miseravel creatura, de quem zomba o tempo e a fortuna?

Lembrei-me de dar á estampa o meu livro.

Talvez naquelles que o lessem, excitasse eu alguma simpathia. Não me conhecendo, nem sabendo o meu nome, a repugnancia que inspiro não mataria o interesse pelo author obscuro e ignorado.

Tenho tanta sede de affeição, depois que a tua me deixou vasio o coração !... Sentir-me querido, ainda mesmo de longe e envolto no misterio, seria uma suprema ventura !

Demais, quem sabe !... Salvaria deste martirio esteril e desta vida inutil alguma cousa.

Um nome, que fosse !

O nome é segunda vida. E' a vida do futuro.

Não lhe chamam gloria?...

---

## 18 DE MARÇO

Maria voltou da feira sem as compras do dia.

Perguntei-lhe a causa.

Achou palavras para me dizer. Os regatões recusam receber o dinheiro que passou por minhas mãos!

Meu Deos!... Dai-me força para soffrer com resignação! Preciso d'ella! Sinto a rasão vacillar. Por vezes já mordi nos labios a blasphemia que ia escapar-me.

Tem nojo do meu dinheiro! Si o tivesse roubado, o acceitariam: mas toquei-o, e o rei, que o manda correr, não protege um lazaro.

Felizmente Maria teve fome.

O instincto serviu-lhe de intelligencia. Engenhou meio de comprar o necessario. Deu ao andador da irmandade do Sacramento uma moeda de esmola.

O troco, os regatões não duvidaram recebelo.

———————

19 DE MARÇO

Sahi hoje pela primeira vez.

A noticia de minha enfermidade divulgou-se de um modo espantoso. Quando passava, appontavam-me de longe. Murmuravam meu nome.

Paravam para olhar-me. Admiravam-se talvez de ver-me ainda feições humanas.

Realmente um lazaro não é mais um homem. Foi concebido pela mulher, mas a praga o abortou. No terror que infunde é fera : no asco que excita é verme.

Oh! não... Ha um fio que ainda me prende á humanidade. E' a compaixão brutal e escarninha do mundo. Mata-se a fera; esmaga-se o verme. Mas não me tiram a mim esse tenue sopro que anima um resquicio de vida.

Seria um assassinato! Seria um crime! E ha nada mais infame do que um crime inutil ?...

Quando me lembro que tantos homens gastam sua existencia n'uma luta incessante para haver uma sombra, que chamam fama, rio-me delles e de mim.

Os feitos do guerreiro, os livros do sabio, serviços a republica, e linhagens de fidalgos, andam ignorados ou esquecidos pela turba, vária nas suas paixões. Ninguem sabe, ninguem lembra porque aquella cabeça encaneceu, porque aquella face rugou.

E eu tenho sem buscar, o que tanto elles buscam sem achar! Toda a cidade repete meu nome. Que importa que esse nome seja o de lazaro? Toda a gente me conhece. Que importa que me evite?

Viver na voz dos povos, não é isso que tantos ambicionam?...

---

## 20 DE MARÇO

Era noite; sentia-me abrasar no leito.

Precisava de ar, de espaço, de movimento. Ergui-me, e vaguei durante uma hora pelas ruas já desertas. A noite ao menos traz o misterio. Perco a minha triste celebridade. Passo como uma sombra entre as outras sombras que dormem na terra.

A sede que tinha de ar, no sangue e na cabeça, levou-me á borda do mar. Fui sentar-me perto das *Cinco-Pontas*, sobre algumas pedras que a maré deixara em seco.

A brisa fresca e cortante que vinha do largo impregnada das humidas exhalações das ondas batia-me em cheio no rosto. Banhava-me, como a veia de um rio. Aspirei as emanações salitrosas do oceano. A volupia que eu sentia nesse respirar do ar livre, não sei se a gozarão outros colhendo beijos na boca virgem de sua noiva.

O vento !... Oh ! ninguem sabe que delicias me trazem os seus acres perfumes ! Que sedas e cambraias são as refegas delle para o corpo devorado da febre, quando o sangue escalda nas veias !

O vento !... E' o tumulo que eu terei um dia. Quando morrer, ninguem se animará á tocar no meu corpo para dal-o á terra. Hão de queimal-o, porque não infecione o ar. E as minhas cinzas então, soltas ao vento, voarão com elle sobre esse vasto e immenso oceano.

A maré começava a encher. As ondinhas debruçando-se umas pela outras, todas frocadas de espumas, brincavam como um bando de cordeirinhos que retouça sobre a relva ao pôr do sol. Algumas espreguiçando-se pelas areias vinham lamber-me os pés e quasi os tocavam.

Não sei que illusão me alheára o espirito. De as contemplar, de as admirar, á essas ondinhas travessas, foi-me parecendo que tinham alma, para sentir. E de repente, ao ver que se chegavam para mim e me festejavam, enterneci-me e chorei.

Chorei, sim !... Tão orphão estou eu de affei-

ções, que as procuro até na materia inerte!...
Tão acostumado ando a me fugirem, que já
me sorprehende ver um objecto ainda inanimado
aproximar-se de mim, obedecendo á sua lei phi-
sica.

Rompeu-me esse enleio d'alma uma voz doce
e melodiosa. Soltava ella aos sopros da viração
as frases singelas de uma canção.

Ergui a cabeça. A alguns passos se elevava uma
pequena casa. Della entrava pelo mar um terrado
coberto de arvoredo. O vulto de uma menina,
vestida de branco, se destacava na borda do jardim, onde quebravam as ondas.

Era della a voz.

Pude distinguir ao luzir das estrellas os seus
movimentos. Tinha as duas mãosinhas crusadas
sobre o peito; os olhos no céo. Resava; eram
cantos as suas resas.

Não retive da lettra mais do que esta invocação — *Ave-Maria!* Mas achei o verso tão simples
e o rythmo tão suave, que me parece o tenho ainda no coração. Foram-se as palavras e os tons, só
ficou o sentimento.

Assim, de uma flor que se desfolha, ficam no
espaço ondas de perfume.

Mal que terminou a sua melodiosa oração a

menina voltou á casa, correndo e saltando por entre as moitas do jardim.

Tambem eu voltei. As ondas me expulsaram de seu leito.

———

## 22 DE MARÇO

Decorei finalmente as endeixas que tamanha impressão me fizeram, da primeira vez que as ouvi,-pela sua singeleza.

A menina canta-as todas as noites, ao nascer da estrella d'alva. E' uma *Ave-Maria* graciosa e pura; inspirou-a o amor filial sanctificado pela religião.

Tornei a ouvil-a hontem, e hoje ainda ouço o echo á murmurejar-me dentro d'alma.

Quero escrevel-a.

Os homens ricos de prazeres e affeições, desfloram apenas as suas alegrias; quando o quizessem, não teriam tempo de estancar-lhes a ultima gota de essencia.

Fazem como as creanças que babujam e provam de todas os fructos; e de nenhum se fartam.

Esses prodigos de sua alma não comprehendem de certo a usura dos pobres e desherdados, como eu, quando Deos lhes depara no deserto da vida, com um obulo de prazer.

Avaro de sua migalha, que lhe é thesouro, não se cança de a gozar ; vive nella ; sonha della. Quer sentil-a por todas os modos, e a todos os instantes.

Assim fui eu com aquelles versos, que muitos acharão mesquinhos ; mas ou fosse pela voz harmoniosa que os dissera ; ou pelo disvello e saudade que respiravam ; ou pela cadencia suave do rithmo ; me infundiram não sei que doce melancholia.

E' outra cousa que os felizes não comprehendem. Como a melancholia é supremo jubilo, para as almas immersas n'um continuado descrer e n'uma acerba tristeza.

Mas a canção... Não me saciei de a escutar, de a recordar, de a repetir ás vagas que rumorejavam na praia. Quero sentil-a pelos olhos. Já a ouvi tantas vezes, ainda não a vi.

Esquecer-me-hia?...

Não ! — Lembro-me...

Ave, Maria ! Ave, estrella,
Formosa estrella do mar !
Da-me novas de meu pai,
Que se foi á navegar.

Por esses mares d'alem
Vai seu brigue a bolinar.
— Leme á orsa ! Molha a vella !
E deixa o vento soprar.

A borrasca o não assusta :
Não se teme de a affrontar ;
Mas eu que temo por ella
Vivo somente a resar.

Fio de ti, minha estrella,
Que o protejas sem cessar
Faz que bem cedo elle possa
Á minha mãi abraçar.

Dá-lhe tempo de bonança,
Mares de leite á surcar ;
Vento á feição, quanto baste
Para depressa chegar.

Ave, Maria, Ave, estrella,
Formosa estrella do mar !
Cheia de graça tu brilhas
Á quem te sabe adorar.


Onde apprendeu aquella menina esta oração?... Quem lh'a ensinou? Porque a diz ella todas as noites?

---

23 DE MARÇO


Cuidava que não podia haver maior isolamento do que o meu. Illudi-me. Agora é que o isolamento começa.

Luiza parte; seu marido deixa Pernambuco; vae-se á Lisboa.

E a causa sou dessa mudança. O que ainda me restava de familia abandona a patria, para quebrar os laços de sangue que nos prendem. È justo: é generoso tambem. Deixem-me, á mim só, o despreso, que inspiro. Não o quero partilhar. Basta eu para soffrel-o.

Oh! Ainda me resta o orgulho da miseria.

É uma dignidade como tantas outras, e um egoismo, como os ha poucos.

Minha irmã negou tudo. Deu-se á tratos para convencer-me que os interesses de seu marido eram a causa unica dessa partida.

Pobre Luiza!.. Mentia.

Que desgraçado ente que eu sou!... Não faço soffrer só aos que me amam ; obrigo-os ainda á se rebaixarem.

---

## 26 DE MARÇO

Voltava de ver sumir-se no horisonte o navio que levou-me Luiza.

Cheguei á casa. Pela janella aberta olhei o vulto da cidade á collear pela margem do rio, e disse de mim para mim pensando na gente que a habita :

—Estou só !

E me enganava ainda. Mal tinha murmurado aquellas palavras, veio Maria. Fallou, o que raro succedia. Pela primeira vez, cuido eu, disse uma cousa que se entendesse. A repulsão que eu inspiro, foi-lhe raio de luz, na treva espessa de sua alma.

Pediu-me que a vendesse. Não mais quer servir-me... Tem medo do contagio...

Senhor!... Senhor!... A vossa misericordia é infinita, cemo a vossa bondade inexhaurivel! E não chega para o afflicto de mim, nem um obolo sequer! Vergai-me sob o peso da vossa colera, mas dai-me fé e resignação: e eu vos louvarei, meu Deus, na plenitude da minha dor.

Tenho eu culpa, si me creastes, ente de razão? Porque me destes a intelligencia? Não a tivera, que esta carne se iria consumindo no roer das ulceras, sem que soltasse uma queixa! Amparai-me, Senhor, amparai-me contra mim mesmo! Tenho medo de descrer!

———

## 29 DE MARÇO

Do profundo da minha angustia clamei ao Senhor, elle me ouviu, e enviou á terra um anjo para ungir-me da sua fé.

Santa cousa é a innocencia!... Será que a

alma pura e ignorante deste mundo, está mais impressa do seio do creador, e mais proxima de seu berço? Quem póde saber, e quem dizer, si o que cha·não razão, não é enfermidade do espirito preso á terra?

Naquella tarde aziaga, que me separou de Luiza, tomou-me o desespero e levou-me sem tino por essas ruas além. Vaguei, como animal, perdido do dono, e que todos enxotam. A mim, enxotavam-me de mim mesmo, ancias de acabar com tanto penar. Tinha horror á vida.

Ouço alarido: e logo vejo, á correr espavorida pelo caminho, a gente que passava. Ser de mim que fugiam, foi o que primeiro cuidei: mas vinham de meu lado, e nem me viam. Voltando-me conheci qual a causa era do alvoroço. Um cão espritado que ia d'uma para outra banda, mordendo quem encontrava.

Bem claro percebi, quanto já não era deste mundo, pois daquillo fugia elle, que eu andava a procurar. Fui-me direito ao animal. Mas até o sabujo me tem asco. Parou bem junto de mim; roçou por mim e foi perto morder um pobre velho, a quem tardo levavam as pernas tropegas dos annos.

Cheguei-me a elle, de quem já todos com medo

se arredavam; e carregando-o nos braços levei-o para a tenda do ferreiro mais proximo, onde lhe queimei a ferida com ferro em brasa. Mal se applacou a dor, e soube o velho quem eu era, repeliu-me de si como uma cousa vil, e foi-se, sem voltar o rosto.

Quanto horror lhe causei !

---

1 ABRIL

Tornei ás *Cinco Pontas* para ver a casa da menina da *Ave-Maria*, e ouvil-a cantar a sua oração de todas as noites.

Era lusco-fusco; e não me animei á aproximar da praia com receio de que vendo-me, reconhecesse o miseravel que sou e de quem todos fogem.

Os outros, já não estranho. Tão habituado estou a crueldade do mundo; mas ella?... não quero ser-lhe um objecto de repulsão. Ignore para sempre que existo, e possa eu de longe, em silencio, contemplal-a, como a estrella do céo a que dirige sua prece.

Quando ella acabou de cantar, sentou-se no terrado, junto de uma roseira de Alexandria que estava coberta de flôres, e ficou olhando o mar, onde com a ardentia se esphacelavam as vagas em chuva de pedrarias scintillantes.

Tinha de todo cahido a noite; e já fazia bastante escuro, para que me pudesse aproximar sem receio. Avistou ella meu vulto, pois senti que seus olhos se fitavam nelle; e não sei o que foi de mim, que não me lembrei mais onde estava, nem se vivia ainda neste valle de lagrimas.

Do que só me recordo é de encontrar-me, em tornando a mim, posto de joelhos, a soluçar um pranto em que parecia ir-se toda a minha alma. Quanto tempo estive assim, não o poderia dizer, nem o como isso succedeu, tão alheio fiquei deste mundo e de suas miserias.

Deitei a medo os olhos para o terrado. Uma sombra alva perpassava entre as moitas do terrado. Era ella que recolhia-se vagarosamente.

Será possivel, mãi, que eu ame neste mundo outra creatura com as abundancias do coração e a santidade com que sempre te estremeci?...

2 ABRIL

Meu Deus !... Meu Deus ! calcastes sobre mim, pobre verme da terra, a vossa mão omnipotente, e eu não murmurei.

A peste soprou em minhas veias seu halito de chammas, que me requeima o sangue e devora as carnes. Meu corpo, o que é sinão um crivo de dores, e um inferno onde me abraso em vida.

Tudo soffrerei resignado. Mas, Senhor, poupai-me á esse cruel martirio ! Sentir-se a gente vil para aquella a quem vota seu amor !... Parece-me que ainda não tinha soffrido toda a degradação de minha pessoa. Contra a repulsão do mundo, revoltava-se minha alma que o despresa como a um ventre de miserias. Contra o nojo que ás vezes tenho de mim mesmo, consola-me o pensamento de que meu ser purifica-se nessa chamma em que abrazo-me.

Mas contra ella, que posso eu sinão abater-me no pó, e sumir-me como uma causa hedionda em que não devem pousar jamais os seus meigos olhos?

Que tremendo supplicio, mãi ! Ter n'alma um

affecto grande e immenso; porem nesse affecto
uma abjecção maior que elle, uma vergonha
que o remorde e o acabrunha!

Para que enviou-me o céo este affecto? Pensava eu, mãi, depois que te partiste, que de
mim, d'este ente votado ao soffrimento e á des-
graça, já não podia sahir uma doce effusão, mas
sómente a paixão cruel e implacavel como a lepra
que me corroe.

-------

## 6 DE ABRIL

Sei-lhe o nome!

Foi esta noite. Là estava ella, no terrado,
olhando o mar, onde se escondera a vela branca
do navio de seu pai.

Uma voz, era a de sua mãi, soltou o nome de
Ursula. Ergueu-se ella, e caminhou para a casa,
dizendo com um modo brando e socegado:

— Ahi vou, mãi.

Ursula!... Que suave encanto acho eu n'este
nome, que d'antes nunca em mim despertou a
menor attenção. Ouvia-o como um som qualquer;

não passava de uma palavra indifferente. Agora canta em minha alma como celeste harmonia, que me inunda todo o ser de jubilo.

Os sussurros da brisa, os murmurios das ondas, as vozes do céo e da terra, repetem para mim o mavioso nome, que me envolve em uma bemaven-venturança.

Nos momentos em que a alma exhubera e subleva-se com o esto do contentamento ou da magoa, manam as abundancias da paixão, em poemas e hymnos.

Não careço eu de poesia nem descantes, para transbordar as santas alegrias que me enchem o coração. Basta dizer baixinho, entre Deus e mim, o nome d'ella.

———

10 DE ABRIL

Ainda não tornei do abalo!

Não quizeste ouvir a minha prece! Como a vossa colera é implacavel, Senhor, que um só instante não se retira d'este punhado de limo!

Era-me consolo em meio das tribulações,

aquella innocente devoção de adorar de longe entre as sombras da noite, o formoso vulto de Ursula: e tanto vos suppliquei arredasse de mim os olhos d'ella, para não perceber-me no suave enlevo de a contemplar.

E esse consolo me negastes !

Ella reparou na minha insistencia, e desde ahi não voltou ao terrado, nem lhe vi mais que a sombra, quando canta da janella a sua *Ave-Maria,*

---

12 DE ABRIL

Appareceu esta noite.

Como costumava, resou a sua oração da tarde, e ficou no terrado com os olhos engolphados no horisonte.

Eu que me havia escondido atraz de um coqueiro, para não assustal-a outra vez, como a visse distrahida, criei animo para chegar-me e vel-a de mais perto.

De repente voltou-se ella e pondo em mim seus olhos, que me deixaram tranzido e quedo, sem accordo para fugir, quando tudo eu dera para sepultar-me alli na terra, e subtrahir-me á sua vista.

Ella, em vez de esquivar-se, como antes fizera, reclinou-se ao balaustre, e começou a desfolhar os botões da roseira, soltando á fresca brisa do mar as petalas que vinham farfalhar me no rosto.

Por instantes fiquei sem outro sentido, que não fosse uma delicia como nunca tive, nem cuidei que se pudesse gozar na terra, pois me parecia estar no céo, affagado pelas azas dos seraphins do Senhor, a brincarem-me entre os cabellos e a borrifarem-me as faces de angelicos sorrisos.

Eis que no meio d'esse extase de ventura, cahi em mim arrojado ao abysmo da minha miseria, como Satanaz submergido nas trevas pela mão do Sempiterno!

Lembrei-me quem eu era, e o horror de mim mesmo espancou-me d'aquelles lugares.

Ainda o trago comigo! Ah! mãi, porque não estais aqui a meu lado para reerguer-me d'esta abjecção em que me sinto. Tua palavra me daria força para exaltar esta alma abatida. Ao calor de teu seio, creio que se havia de regenerar esta natureza pusilanime.

———

## 15 DE ABRIL

Vejo-a todas as noites.

Sempre recostada no balaustre, esfolhando ao vento as rosas fragantes, entretem-se n'esse brinco innocente até a hora de recolher.

Sabe ella que eu a devoro com os olhos, cá do meu refugio?

Ás vezes receio que se tenha apercebido da minha presença constante naquelle sitio; e é quando reclina-se mais no balaustre, e estende o collo, como si procurasse affirmar-se do que entrevira.

N'essas occasiões coso-me ao tronco do coqueiro, e deixo-me ficar sem movimento pelo resto da noite, até que recolhida ella, me posso esgueirar para casa.

----

## 16 DE ABRIL

Meu Deus! Meu Deus! Dai-me força para resistirme, pois m'a deste para soffrer este supplicio atroz.

Ella, Ursula, me conhece !

Esta noite, quando me esquecia a contemplal-a, seguro de mim, vi-a acenar com a mão, como se me chamasse! Duvidei que me podesse ter descoberto ou siquer pressentido. Mas ella insistiu, e como não lhe obedecesse, enfadou-se.

O que se passou em mim, e qual poder oculto dominou meu ser, que sem vontade, nem consciencia, atirou-me de joelhos em face do terrado, com as mãos supplices e a fronte abatida, implorando compaixão para a minha infinda angustia?

Esteve Ursula algum tempo a olhar-me entre sorpreza e afflicta. Mas por fim ajoelhou tambem, erguendo as mãos ao céo, e eu ouvi o susurro da sua prece.

Era por mim que resava?

Não ouso crer. Depois que te partiste, mãi, lá na mansão em que habitas, acaso viste subir a Deus uma supplica, uma só, por este desgraçado?..

20 DE ABRIL

Infame sou eu, que de minha hediondez ousei erguer os olhos para a mais bella das creaturas de Deus.

Como foi isto?... Como foi que me não acommetteu o horror que ainda me tranze n'este momento? Porque me não fulminaste, Deus de Misericordia, quando sem tento de mim, transpuz a distancià que me separava d'ella?

Mas não fui eu, que morreria ao primeiro passo... A insania que me arrancava a mim mesmo, apoderou-se d'este esqueleto vil, e arrastou-o miseravelmente ao sopé do terrado.

Ao ver-me ali perto de si, Ursula debruçada á balaustrada, começou a desfolhar as rosas sobre minha cabeça, rindo faceiramente de sua travessura.

D'isto não tenho mais que uma vaga e tenue reminiscençia; pois meus espiritos ainda estavam n'esse momento alheios de mim com a grande torvação.

Colhia ella as rosas que me atirava e eu

recolhia em meu seio. Correram assim as horas da noite, sem que as sentisse.

————————

## 24 DE ABRIL

Todas as noites, as tenho passado n'aquelle doce enlevo !

Ali, proximo á ella, sinto-me como outr'ora quando me recolhias em teu regaço, mãi, e á força de carinho me acalentavas a dor horrivel.

Como teus braços outrora, cinge-me o olhar de Ursula, e me envolve. As folhas das rosas que ella esparge sobre mim, são caricias tão doces como eram teus beijos, mãi, quando derramavas em meu seio o balsamo santo da tua alma.

Horas e horas ficamos ali, mudos á olhar-nos, eu repassando-me de sua imagem ; ella talvez admirada em sua ingenua isenção, do meu extranho pasmo.

Hontem, sem o sentir, rompeu me do seio o seu nome, que meus labios repetiam submissos, uma e muitas vezes, como as palavras de uma oração. Interrompeu-me a voz de Ursula.

— Acha bonito meu nome?

Naquelle instante não atinei o sentido das palavras, tão absorto fiquei a ouvir a voz melodiosa que fallava. Mas quando entendesse, podia eu exprimir em linguagem o que se passava em meu ser, e pronunciar seu nome?

Movi a cabeça maquinalmente como si dissera: sim.

— E o seu? Qual é? perguntou-me ainda.

Meu nome?... Ha no mundo para os desgraçados como eu outro nome que não seja o de miseravel?... Tive outr'ora um; nem já me lembro qual fosse, pois ha tanto tempo queninguem o chama! Para ti, mãi, eu era o filho; para o mundo, o lazaro!

Não se abriram meus labios, porém com o gesto suppliquei-lhe silencio.

Teve ella sombra do horrivel mysterio, que reclinou a fronte merencoria? Não, si a menor suspeita passasse em seu espirito a houvera espavorido.

Sua tristeza foi sem duvida por não ver satisfeito seu desejo. As creanças são assim, tyranas e absolutas em seus caprichos.

———

Não mais voltarei áquelle sitio ! Não mais pro-
fanarei com a minha presença o olhar puro e
santo do anjo que se commiserou de mim !

O máo espirito apoderou-se d'este abjecto esqueleto, e fez delle um inferno. Revolvem-se em
meu seio pensamentos que me enchem de pavor.

Qnando ha duas horas cheguei á praia, não vi
Ursula no logar do costume, o que deu-me animo
para aproximar-me bem perto do terraço, na
impaciencia de entrevêl-a atravez da folhagem.

Ella que se tinha escondido para sorprehender-
me, logo se debruçou no gradil, e estendeu para
mim uma rosa que tinha na mão.

Puz-me de joelhos`para recebel-a como uma
graça celeste. Mas Deus poupou-me á essa infa-
mia, abatendo sobre mim a sua colera. Cahi,
prostrado ao chão, escondendo o rosto na poeira
da terra.

E fugi como um louco !...

Como pôde esta miseravel carcassa que me deu
o Creador para repasto dos gusanos, como pôde
conceber o vil desejo de tocar com a sua hedion-

dez a mão pura e immaculada da formosa donzella?

Deus fez o homem do limo da terra; da sanie,
só tirou as vespas. Mas o virulento insecto apenas
destilla veneno; e o meu contagio é mais do que a
peste; porque não só mata o corpo, como tambem
a alma. E' o contagio da abjecção.

Ah! Os felizes que morrem á vida levando a
estima do mundo, não sabem o que é esse frio
assassinio d'uma alma, que o mundo lapida,
como se ella fôra um perro damnado, e cujo despojo lança-se ao monturo, e queima-se para não
contaminar os ares !

---

## 28 DE ABRIL

Tinha jurado não voltar ao eirado; e voltei
arrastado por uma força a que não posso resistir.

Parecia-me que estava atado ao leito da dôr,
onde todo o dia me revolvi em uma angustia cruel,
e todavia, ao toque de trindades, sem que désse
tento de mim, caminhava como um espectro para
aquelle sitio, onde me disputam o céo e o inferno;

porque ali está a fonte de meus jubilos e o antro de meus soffrimentos.

Assomava a luz no horisonte, como uma sultana a recostar-se nos estofados cochins de brocado azul, recamado de branco. Nas folhas dos coqueiros passava a brisa subtil, ramalhando as verdes palmas.

Da terra, bordada de quintaes e grangearias, se exhalava, como de uma caçoula, a suave fragancia do campo. O mar dorima em bonança; e o collo da onda arfava mansamente, como o seio da creança engolfada em sonhos ridentes.

Derramava-se no espaço uma doçura ineffavel, que parecia manar do céo em um jorro de luz alva e macia. Parecia-me ás vezes que eu sugava no teu peito, mãi, um sorvo de leite vigoroso, que me infundia saude e contentamento.

Nunca em minha vida, tive eu tamanha sede de ventura; tambem nunca a fortuna escarninha aproximara tão perto de meus labios a taça fallaz.

Avido precipitei-me sobre ella, e peior que Tantalo, a quem o destino apenas retrahia o pabulo, a mim trocou-o no ais negro fel.

Traguei a minha propria peçonha; e não morri, não, porque a morte seria uma redempção, e eu

não espiei ainda toda a minha culpa de haver
nascido, para ser um arremedo de homem...

---

## 29 DE ABRIL

Não pude acabar hontem. Embruteceu-me o
desespero, si não é que empederniu-me; pois
nem gemer eu podia como a besta quando soffre...

Que medonho transe !

Tinha-me eu embuçado na sombra das arvores,
que serviam de manto escuro, e não deixavam
que ella entrevisse mais do que um vulto. Meu
semblante, si se o descobrisse á claridade da
lua, não resistiria á hedionda catadura do maldito !

Do seio da terra, que é o meu só regaço, mãi,
depois que perdi o teu, onde me conchegava no
delirio da dor; das entranhas da noite, onde se
gerou o aborto de peste que eu sou, estava alheio
de mim na contemplação de Ursula.

Eis rasga-se a escuridão e vomita sobre mim
uma chamma do inferno. Alaga o rubido clarão
todo o arvoredo, e cinge-me de uma labareda
sinistra.

Corro; mas alem está o luar alvacento, que amortalha-me em phantasma. Volvo esvairado sobre os passos, e entro de novo na flamma vermelha que me persegue como a lingua Satanaz.

N'isto surge o corpo alquebrado de um velho e affasta-se horrorisado.

— E' o lazaro!... E' o lazaro!...

Ainda o ıvi o grito de angustia que despedaçou a alma de Ursula, mas vindo d'outro mundo diverso d'aquelle onde eu estava. Do mais não sube, até as alvoradas que me acharam estremunhando na vasa onde eu jasera o resto da noite; da noite dos outros, que não desta continua e perpetua que se estende sobre minha vida.

Mas até o somno do jasigo, me rouba a sorte impia.

---

30 DE ABRIL

Lembro-me agora! O velho, é o mesmo que me repelliu, quando eu o acabava de salvar do cão damnado. Daquella vez tinha razão; meu concontacto o enchia de horror; mas desta, que ma lhe fiz eu para me precipitar nesta voragem do desespero?

———

## 4 DE MAIO

Sei tudo!...

O velho é avô de Ursula. Percebeu sem duvida o apparecimento naquelle sitio de um vulto suspeito, e quiz reconhece-lo.

Accendeu a fogueira, que devia esclarecer a minha figura, e fugiu aterrado, por si e pela neta.

Não lhe quero mal por isso.

Salvar a filha de seu sangue é um dever de todo o homem. Em seu lugar eu faria mais. Exterminaria ali mesmo o pestiferado para que nunca mais ousasse envenenar o ar que ella, a innocente, respirava.

Ursula não tornou, e eu rogo a Deus que não me appareça, nunca mais. Assim terei ao menos o consolo de olhar os muros que a escondem a minha vista, mas não ao meu coração. Presente ella, nunca ousarei eu aproximar-me daquelles sitios.

O horror a affastou para sempre. Ainda bem! Ao menos não receberei della o asco e despreso que o mundo arremessa sobre mim; e poderei guardar dentro em minha alma, doce e compassiva, a linda imagem que me sorriu um dia atravez das agruras de uma misera existencia.

***

## 6 DE MAIO

Miserrimo de mim!... Despedacei a flor que desabrochara entre as urzes de minha alma, e derramava nella o seu mago perfume!... Apaguei a estrella que rompera um instante a procella de minha vida, para infundir-me no seio uma luz celeste!

Ursula anceia nas vascas da agonia e fui eu que a matei; foi o horror de minha miseria que a assassinou.

Quanda pressenti a fatal nova, pela agitação que ia na casa, perdi toda a razão, e precipitei-me pelos aposentos em busca da camera onde se finava a minha unica e fugaz alegria deste mundo.

Perceberam-me os da familia; e esquecendo

13

um instante a sua dor, esbordoaram-me com tamanha ira que ali cahi sem espirito, com o
corpo macerado.

Despertou-me uma reza cantada ali perto; e as
luzes das tochas que desfilavam pela praia.

Era o enterro de Ursula.

Levaram-n'a á igreja de S. Pedro Gonsalves.
Vi deporem seu ataude na eça rodeada de tocheiros
e guardada pelas beatas.

A meia noite voltarei.

---

### 7 DE MAIO

Introduzi-me na igreja por uma janella baixa
da sacristia, cuja grade estava carcomida.

Vendo á luz baça dos tocheiros assomar um
vulto, as beatas fugiram assombradas. Fiquei
só ali em frente do ataude.

Nesse momento Ursula me pertencia; ninguem
a disputava á minha adoração.

Como era bella no eterno somno em que repou-
sava do mundo e de suas miserias! Tinha nos labios aquelle mesmo sorriso que derramava sobre

mim, agora tocado de um reflexo livido. Estava branca e immaculada como os anjos ; eram niveas como as faces as rosas que lhe cingiam os bastos cabellos crespos.

Quiz beijal-a, e recuei !... Ainda morta, e brevemente pasto dos vermes, não ousei profanar o despojo santo da formosa creatura.

Nesse momento ouço rumor do lado da sacristia. E' a gente curiosa que vem trazida pelas beatas, para espancar o espectro. Querem roubar-m'a outra vez !...

Mas não o conseguirão ! Hei de disputal-a até aos vermes e ao pó da terra.

Cingindo ao peito o corpo de Ursula, arrojei-me fóra da igreja, e vim deposital-o aqui, onde ninguem ousará perseguir-me. As portas estão escancaras, dia e noite, batidas pelo vento ; guarda-as porem uma fera mais terrivel que Cerbero, a peste.

Agora sim, Ursula, tu me pertences para sempre, como eu a ti.

Que se passa ?

Ouço a plebe a rugir lá fora ; uma chamma subita enrosca-se pela treva como o dragão.

Comprehendo : deitaram fogo á casa para exterminar o maldito !

Graças, meu Deus! Este fogo me redimirá da maldição que peza sobre mim, e purificará meu ser. Assim ao menos poderão minhas cinzas se unirem com as de Ursula!

Bem vindas, chammas amigas! Aqui estamos; cingi-nos, abraçai-nos, para que em vosso seio fecundo, celebremos as nupcias da eternidade.

---

### 9 DE MAIO

Eis-me outra vez no mundo e só... Só, não; que me acompanham ainda e sempre o meu desespero, e a sanha do mundo.

O fogo não me quiz; teve asco de mim, como tivera o mar, e o cão damnado. Não ousou tocar-me; tal é a repulsão que derramo em torno.

Com o incendio abateu-se uma parede do aposento em que me achava, levantando a extremidade opposta do soalho com tal violencia, que me arremessou pela janella em cima de um telhado, d'onde escorreguei ao chão.

Só pela madrugada pude arrastar-me ao mon-

tão de ruinas e deitar-me no brarido onde ja-
ziam as cinzas de Ursula.

Daqui, desse mesmo lugar que ninguem dispu-
taria á um cão, expulsou-me o odio da gente.

. . . . . . . . . . . . . .

Assim terminava o canhenho do lazaro. Expulso
do Recife, pela plebe irritada com os ultimos
successos, refugiou-se na casa abandonada de
Olinda, onde terminou afinal a immensa e cruel
agonia de uma existencia nunca vivida, mas tão
penada.

FIM.

# INDICE

DE

## O ERMITÃO DA GLORIA

———

# Obras que se acham á venda na mesma casa:

---

### J. de Alencar

O GARATUJA, cronicas dos tempos coloniaes. 1 v. in 8º enc. 3$, br....................................................... 2$000

TIL, romance brazileiro. 4 v. in-1o, br. 4$000, enc. 6$000

IRACEMA, lenda do Ceará, 2ª edição. 2 v. br. 2$000, enc. 3$000

VIUVINHA e os Cinco Minutos, 2ª edição. 1 vol. broch. 2$000 enc..................................................... 3$000

O GUARANY, 4ª edição, 2 v. in-8º, encadernados .... 8$000

AS MINAS DE PRATA, romance historico, complemento do precedente. 6 v. in-8º, br. 12$000, encadernados...... 16$000

O DEMONIO FAMILIAR, comedia em 4 actos, 2ª edição. 1 v. 1$500

AS AZAS DE UM ANJO, comedia em 1 prologo, 4 actos e 1 epilogo, 2ª edição. 1 v........................................ 2$000

A MÃI, drama em 4 actos, 2ª edição. 1 v............ 2$000

VERSO E REVERSO, comedia em 2 actos, 2ª edição. 1 v. 1$000

### Senio

O GAUCHO, romance brazileiro. 2 v. in-8º br. 4$, enc.. 6$000

PATA DE GAZELLA, romance brazileiro. 1 v. in-8º br. 2$000 enc. ..................................................... 3$000

O TRONCO DO IPÊ, romance brazileiro. 2 v. in-8º br. 4$000 enc. ..................................................... 6$000

SONHOS D'OIRO, romance brazileiro. 2 v. in-8º enc. 6$000 br ..................................................... 4$000

### G. M.

DIVA, *perfil de mulher*, 2ª edição. 1 v. enc......... 3$600

LUCIOLA, *perfil de mulher*, 3ª edição. 1 v. enc...... 3$000

### Fausto

SCENAS DA VIDA REPUBLICANA. Reminiscencias do feliz tempo escolar. 1 v. in-12, enc. 1$600 br............... 1$000

UM PROVINCIANO LADINO. — ONDE SE ENCONTRA A VERDADEIRA FELICIDADE. 1 v. in-12, enc. 1$600, br............. 1$000

A CAÇA DE UM BARONATO. — A HERANÇA ESPERADA E INESPERADA, I v. enc. 1$600, br........................ 1$000

UM CASAMENTO DE TIRAR O CHAPEO, seguido de: O Diabo não é tão feio como se pinta, Charadas da campanha, Uma viagem ao sul do Brasil. 1 v. in-12 enc. 1$600, br.......... 1$000

DOIS DIAS DE FELICIDADE NO CAMPO, Seguido de: Curso de Experiencia repentina. Pensamentos de pequena superficie mas de grande profundidade. O Relogio de Gertrudes. 1 v. in 12 enc. 1$600, br....................................... 1$000

## Victor Hugo

Os Homens do Mar, 3 v. in-4º br......... ....... .. 3$000

## A. Assollant

O Doutor Judassohn. Estudo sobre o caracter allemão. Versão
de A. Gallo. 1 v. in 12. enc. 1$600, br...... .. .... 1$000
Confissão de um Badense.—O Coronel Happethaler Versão
de A. Gallo. 1 v. in-12 enc. 1$600, br............. 1$000

## A. Esquiros

Historia dos Martyres da Liberdade, augmentada com
episodios historicos tirados da historia do Brazil e de Por-
tugal. 2 v. in-4º enc. 10$000, br........... ...... 8$000

## Th. Fix

Historia da guerra do Paraguay. traduzida por A. J. Fer-
nandes dos Reis e annotada por ***. 1 v. in-8º enc. 5$000
br............................................. 4$000

## Emm. Liais

Supremacia Intellectual da Raça Latina, resposta as ar l
gações germanicas. Versão de Abranches Gallo. 1 v. in-8º bel
2$000, enc. ......... .................. .. 3$000

## V. Valmont

O Espião Prussiano, romance historico inglez, resumindo os
principaes acontecimentos da guerra Franco-Prussiana, tra-
duzido por V. Colonna, 1 v. in-8º br. 2$000, enc. 3$000

## A. Belot

A Mulher de Fogo, 2 vol. in-12, enc. 3$000, br.... 2$000

## A. Belot et J. Dautin

O Matricida. 2 v. in 12 enc. 3$000, br... ......... 2$000
Dacolard e Lubin. 2 v. in 12, enc. 3$000, br.......... 2$000

## Octavio Feuillet

Julia, romance. 1 v. in-12 enc. 1$600, br......... 1$000

## Edmond About

O Nariz de um Tabellião. Versão do francez por A. Gallo.
1 v. in-12, enc. 1$600, br...................... 1$000

Typ. Franco-Americana — Rua da Ajuda n. 18. — 1873.

CPSIA information can be obtained
at www.ICGtesting.com
Printed in the USA
LVHW061652271222
735906LV00005B/39